JN112214

高専は地球を救う

初めての「社会実装教育＝テクノロジー×アントレプレナーシップ」の解説書

加椎玲二

Parade Books

目次

はじめに

　山積し広範囲に拡大していく「社会的課題」。

　誰しもが「このままでは人類は大丈夫か？　絶滅に向かっているのではないか？」と思うようになってきた。

　最たるものが地球温暖化や廃棄プラスチック問題などである。

　この本の表題が「高専は地球を救う」としたので、「何をたいそうなことを書いているのだ」、「そんな大変なことを高専で出来るわけないだろう」と思いつつこの「はじめに」を読み出した方が大半ではないだろうか？

　しかし筆者は大げさに言っているのではない。もちろん高専教育とその卒業者だけで地球を救うことは飛躍した表現であり「言い過ぎだ」と言われても致し方はあるまい。

　巨大な壁とも、または大津波とも見える世界中の「社会的課題」。

　これらの巨大な社会的課題に対応して行くには小さなことから大きな課題まで、日本各地から、そして世界のあらゆるところに存在する課題までつぶさに丁寧に対応し地道な活動をしなければならない。

　筆者が大げさに言っていないという理由は高専の教育システムが山積する社会的課題を解決する人材を続々と輩出してきている現状があり、そのような教育システムが全国高専に着々と整備さ

れつつあるからである。

　これから事例を述べるがこれは些細なものに見えるかも知れない。しかしこのような社会的課題を解決していくことが全国高専のそこかしこで、海外の「KOSEN」で始まっていけばやがては世界中の社会的課題を着実に解消していけると考えている。

　社会的課題は従来の方法やアイディアでは解決が難しかった問題である。簡単には解決できないし大きな投資が必要で実質的に解決できないものもある。
　こうしたものを最先端の技術を駆使し解決をして事業化に結びつける。高専卒業生にはこのような人材が多く、全国の高専各校がそれに気づきその育成方法を体系化し始めたのである。

　事例をひとつだけ述べよう。
　2022年6月。筆者の母校OBのMさんから「新聞夕刊に母校の記事が載ったよ」とメールがあった。記事は外来害虫であるツマアカスズメバチ（以下ツマアカ）が対馬・壱岐に侵入定着後福岡県に進出し始めており、このまま行くと日本中のミツバチが駆逐されてしまうという養蜂家の窮状を佐世保高専の学生チームが相談を受け研究し始めたことを紹介していた。

　新聞はツマアカがどこにいるかを瞬時に分かるシステム開発の経過記事であった。
　コアの技術はツマアカと日本のハチたちとの羽音を分析し、差を識別することだそうだ。森林に仕掛けたワイヤレスマイクで集

音し、羽音の違いをAIに学ばせ識別をする。今は電波が届きにくい山中からのデータの長距離送信に工夫をしながら開発を続けているとあった。

　今後カメラを連動させることを計画しており、そのカメラで居場所が特定できるようになれば駆除についてはかなり対策しやすいという。

　実はこのチームは令和2年度の「社会実装教育フォーラム」（第4章で紹介）で最優秀社会実装賞を取っていたのである。

　また、令和3年度総務省主催の高専ワイヤレスIoTコンテスト2020でも最優秀賞（総務大臣賞）を受賞（注0-1）した他、日本ディープラーニング協会主催のDCON2022においても3位で企業価値10億円の評価を得ていた。（注0-2）

　まだ、システム全体が完成して壱岐対馬と福岡のツマアカ駆除をコアシステムとして機能し稼働始めたとは聞いていないが、数年以内にそうなるであろうことは明白である。

　この事例は迫り来る自然界の脅威という社会的課題への対応を扱ったものである。
　他にもたくさんの事例があるが、第6章で具体的に列記したいのでここでは割愛させていただくが、要するに、今全国の高専から様々な観点での社会的課題を解決しようという人材やグループが現れている。

社会実装の事例「外来生物駆除に向けた取

特定外来生物「ツマアカスズメバチ」

集音マイク

解析用プロセッサ

LPWA通信

日本在来種のスズメバチ

対馬では特定外来生物である「ツマアカスズメバチ（通称:ツマアカ)」が侵入し、定着している。このツマアカは繁殖力が強く、ミツバチなどを捕食するため対馬の養蜂家は危機的状況にある。

佐世保高専のiha_laboチームはツマアカと日本在来種の羽音にディープラーニングで微妙な差があることを解析。この解析システムを対馬の森で一定間隔ごとに設置し通信し、ツマアカの生息域とその巣の発見に寄与するシステムを開発（作品名:OtoDeMiru〜音解析技術を用いた森の見守りシステム〜）　（指導　准教授　猪原武士　氏)

図0-1（出典:佐世保高専　iha_labo チーム、ツマアカスズメバチ画像出典:環境省、日本在住のスズメバチ画像出典:写真AC)

本作品は以下の評価を受けました

1. 総務省主催　高専ワイヤレスIoTコンテスト2020（通称WiCON2020）
   において最優秀賞（総務大臣賞）

2. 日本ディープラーニング協会主催のDCON2022
   （第3回全国高専ディープラーニングコンテスト2022）
   において3位、企業価値10億円、投資額3億円の評価

このように社会実装技術＝自分たちが学んだテクノロジーとアントレプレナーシップを持つ全国の高専卒業の若者達が育ってます。

分野は自然界の脅威、環境問題、社会インフラ・メンテナンス、社会的弱者対応（障がい者、高齢者）、農林水産作業・スマート農法、医療・介護、食品加工、教育支援、工場の老朽化・合理化対応、地域活性化等などである。

　このような社会的課題解決に向けた高専の行動は目立たないが各高専ホームページ、一般新聞、日経新聞、各種コンテストの主催者ホームページにおいて情報が盛んに発信され日々増加している状況となっている。

　なぜ、高専生はこのようなことができるのか？
　これがこの本がテーマとする内容である。

　一言で言えば「**社会実装**」に目覚めその仕組みを高専教育の場に持ち込みつつあるからである。

　社会実装とは平たく言えば、「自分たちの技術を世の中（社会）に実装する」ということであり、まさしく言葉のままである。

　先の事例で述べた高専生の活動は真にこの社会実装を体現している。
　社会実装という言葉は聞き慣れないが、文科省や全国高専では既知の言葉となりつつある。

　社会実装の能力は第4章以降で詳しく解説するが概要としては「高専の基本カリキュラムで学ぶ技術者としての知識と技術」と

「課外活動などの自主活動で身につくアントレプレナーシップ」の二つである。

　また新しい言葉「アントレプレナーシップ」と舌を噛みそうな言葉が出てきたが、これは、日本語に直訳すると「起業家精神」となる。

　アントレプレナーシップ＝起業家精神というと「何だ、卒業したら起業する人のことか」と直感されると思うがそうでもない。

　高専卒業後に社会に飛び立つ方は、現在も将来もどこかの組織体に入られることが9割以上である。
　つまり、どこかの企業などに入る者が圧倒的に多いのだ。

　もちろん、アントレプレナーシップを学び取れば卒業後に自分で起業する者も多くなると思うが、組織人としても必要な能力だ。

　この本では、企業などの組織体でもアントレプレナーシップ能力が必要であり、激変する社会環境の中で更に重要不可欠な能力になることも言及していきたい。
　このことは後に詳しく述べるがアントレプレナーシップは現段階で起業家精神のイメージで捉えておいてほしい。
　この本を手に取られた方は小中学校の少年少女をお子さんに持つご両親も多いと思う。

　想像してみてください。

小学生なら10年後、中学生なら5年後、皆さんのお子さんは子どもから大人になる。

確実に大人になる。

　そうすると自然科学やプログラミング、生物やおもちゃが大好きだった少年少女は青年になる。

　皆さんのお子さん達は、冒頭説明したツマアカの羽音を分析する青年、カバー絵の地球防衛局勤務のレイ、裏表紙のスマート農場で活躍するジョーにあっという間になる。

　この移行期である中学校卒業後の大人に変化する時代はとても濃いが、人生の中ではほんの短い瞬間だ。

この間に高専の工学系教育と青春時代を謳歌するキャンパスライフを経験し知識とアントレプレナーシップを体得すればとても人間力豊かな青年として社会に出発できるのだ。

　この本の読者ターゲットは第1が理系少年少女のご両親としている。

　次に第2は中学校の進路担当教諭とさせていただいた。
　これは高専を進路に勧めていただける絶対的存在だ。
　もし、理工系で将来活躍できそうな子ども達がいたら、本人やご両親に受験を勧めていただきたい。

　この本がアントレプレナーシップを扱うので「起業家」と思われるかも知れないが、組織社会でもとても大事であることは筆者が身をもって知っており、そのことは第7章で説明する。

　ぜひ、皆さまの学校の少年少女を高専に誘ってほしい。

　読者ターゲットの第3は高専生や世間の若き技術者達だ。
　起業という形で社会人になった者も、組織社会に就職した者も技術者として仕事をするならば多かれ少なかれ「社会実装」に立ち会う。

　製造業で技術者をやっても同じで、日常業務の「問題解決」と更に大きなイメージの「課題解決」に身を投じることになる。
　これは社会実装の場面とほぼ同じである。

そうしたときにはこの本の第7章や第8章に目を通してほしい。
　特にスランプや悩み事が多いときには何かのヒントが得られると思う。

　さて前置きはこれぐらいにして魅力あふれる進化した高専教育について触れていきたいが、その前に高専卒業者が解決に挑もうとする私たちの周りに壁のように立ちはだかる「社会的課題」を俯瞰しておきたい。

　尚、文中に様々なURLを紹介するが、このURLは2023年2月〜9月の調査著作期間中に有効なものであったが、時間経過と共に「更新」、「他への移転」、「閉鎖」もあると思うのでご了解願いたい。

注記

（注0-1）総務省主催　高専ワイヤレスIoTコンテスト2020
https://www.soumu.go.jp/menu_news/s-news/01kiban09_02000403.html

（注0-2）DCON2022における本選結果
https://DCON.ai/2022/final-result/

第**1**部

理系少年少女の
子供さんのご両親へ

―小中学校の教職員の皆さまも―
―高専生は、第4章以降をお読みください―

高専は全国に62のキャンパスを持ち、
大学工学部をも上回る教育システムを持つ高等教育機関です。

キャンパスは自由・自主・自律で象徴されます。

受験勉強から解放されるこの学校を是非ご検討下さい。

第1章
迫り来る社会的課題

01 肌身で感じる社会的課題

2022年2月24日に始まったロシアのウクライナ侵攻は誰しも度肝を抜かれたと思う。

社会主義体制の雄でもあるロシアが戦争を始めるとは全く考えられなく、筆者も大変驚いた。

ロシアは核を保有する世界的な大国であり、一国の都合で戦争を起こすことにとても大きな責任を伴うからである。世界各地で起きる内戦や国家間武力衝突とは訳がちがう。

これが拡大すればNATO×東欧諸国にそして米国や中国が巻き込まれ、ついには日本をも含む第3次世界大戦（核戦争）に発展することは誰しも予見できる最悪シナリオである。

歴史や地政学上のいきさつがあるにせよ人間が起こした大きな社会的課題である。

2020年頃からまん延しだした新型コロナウィルス禍。これも突然現れたウィルスによる感染症禍で各国が都市封鎖、空港閉鎖

などを強力に推し進めたが人と物のグローバル流通の前にあっという間に世界中に広がった。

　これは未知のウィルスというものへの対応体制として各国で検討されていたが効果は限定的でウィルスの伝播力、感染力に負けた社会的課題である。

　かなりの有名人を含め死亡者も発生したが、割合に致死率が低く人類は助けられた。

　地球環境問題。これは一般的には30年ほど前から議論され徐々に関心と悪影響が広がってきている誰もが知っている社会的課題である。

　誰もが理解し、自分たちひとり一人の行動が改善に結びつくとは分かっていても慣れ親しんだ文明社会の便利な生活を捨てることはできないでいるために拡大する社会的課題である。

　筆者は様々な社会的課題を高専卒業者が果敢にチャレンジし解決していく姿を紹介して高専の魅力をお伝えしたいのだが、先ずは全世界でどのような社会的課題があるかを俯瞰してみたい。

02　世界で認知された社会的課題

　先ず、世界的に社会的課題として示されたのは国連が2015年総会で採択した「持続可能な開発のための2030アジェンダ」の17の世界目標である。

　いわゆるSDGsだ。

SDGsの17の目標は以下の通り。

1. 貧困をなくそう
2. 飢餓をゼロに
3. すべての人に健康と福祉を
4. 質の高い教育をみんなに
5. ジェンダー平等を実現しよう
6. 安全な水とトイレを世界中に
7. エネルギーをみんなに、そしてクリーンに
8. 働きがいも経済成長も
9. 産業と技術革新の基盤をつくろう
10. 人や国の不平等をなくそう
11. 住み続けられるまちづくりを
12. つくる責任　つかう責任
13. 気候変動に具体的な対策を
14. 海の豊かさを守ろう
15. 陸の豊かさも守ろう
16. 平和と公正をすべての人に
17. パートナーシップで目標を達成しよう

この1．から6．までは貧困や飢餓、水の衛生など、開発途上国の基礎的な目標が中心である。ただ、5．のジェンダー平等については先進国（日本を含む）でも多くの課題がある。

7．から12．までは働きがい、経済成長、技術革新、クリーンエネルギーなどの言葉が並び、先進国や企業にとっても取り組むべき課題が多くある。

また、つかう責任ではひとり一人の消費者にも持続可能な世界のために責任があることが分かる。

13．から15．は気候変動、海洋資源、生物多様性などグローバルな地球環境の課題であり、16．17．は人類文明をより高い次元に引き上げSDGsを人類全体で達成させるための目標である。

03 日本の社会的課題

次に日本国内の社会的課題を考えてみよう。

日本の社会的課題として政府などが明確にしているものは残念ながらない。

そこで内閣府、2庁、11省と政府系シンクタンク、民間企業で社会的課題に言及しているホームページ^(注1-1)でそれぞれどのような課題認識をしているかを拾い集め、重なる部分などは一つにしたりしながら筆者として整理して「日本の社会的課題100選」として抽出した。

結果、下記の分野の100項目である。（詳細は図1-3参照）
1．安全保障分野　11項目
2．経済安全保障分野　4項目
3．環境分野　12項目
4．資源・エネルギー分野　5項目
5．経済分野　7項目
6．人口分野　4項目
7．文化分野　3項目
8．医療／福祉分野　6項目

9. 労働分野　5項目

10. 人権／倫理分野　9項目

11. 教育分野　5項目

12. 多様性のある社会分野　3項目

13. 防犯分野　5項目

14. 食の分野　4項目

15. 地域／社会の分野　17項目

　この100選はあくまで言葉として良く出てくる課題の事例であり、また、世界のSDGsもこれ以外にたくさんの課題が山積しているのは言うまでもない。このようなものが無数にあると考えていただいた上で、それらをどう科学的な手法で解決していくのかという視点でこの本を読んでいただきたい。

04 社会的課題の整理と方向付け

　この第1章のまとめとして抽出された社会的課題の発生原因をキーワード化し、それが科学的手法で解決可能かどうかを設定して一覧表化して示したい。

　そのため筆者はネット情報をベースに社会的課題に対する発生原因を調査した。

　調査している中で明確になったことは、ある課題は別の課題の原因にもなっている。つまり課題は原因となりお互いに繋がり関連性があることが分かった。さながら鋼鉄製の絡まった鎖のよう

である。

　また、様々な課題から集中的に一つの原因（＝課題）に向かって連鎖している項目もあり、それは重大な原因（＝課題）であることも分かった。これは科学技術振興機構の俯瞰図の図1-1がそれをよく示している。

　次に筆者はSDGs17目標と日本の課題100選の一つ一つ課題項目に対する原因を当てはめていった。（図1-2、1-3）

　課題項目に対する発生原因項目は基本的には「表面上に出てくる第1次的な原因」である。

　これは何を意味するかと言えば、表面的な原因は更にそれに至る第2次的、第3次的な原因があり、俗に言う「原因の深掘り」をしなければ本当の原因にたどり着けず、「対策は完治しない」と言われることである。

　したがって、本来これらの社会的課題を解決するために深掘りをして真の原因を掴み科学的手法でどう取り組むかを解説したり、方向付けしたりしたいところだが2次、3次と分析すると分岐が途方も無く増えていき、何万冊もの書籍を書くはめになる。
　これはこの本の主旨とは違ってくるし、第1次的な原因でも十分に科学的手法での解決の方向性の有り無しは判断できると考えたのでその方法で記述していきたい。

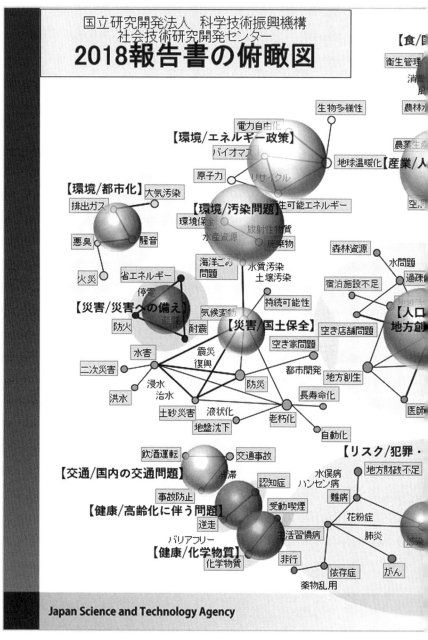

図1-1

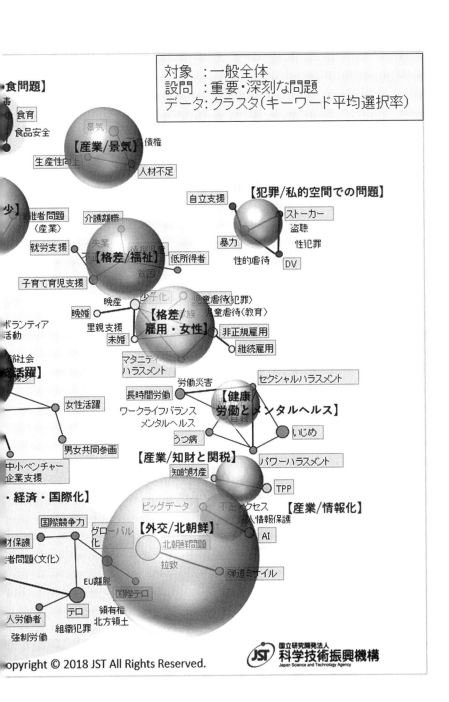

【食問題】
毒
食育
食品安全

【産業/景気】
景気
債権
生産性向上
人材不足

【犯罪/私的空間での問題】
自立支援
ストーカー
盗聴
暴力
性犯罪
性的虐待
DV

少】
後継者問題
（産業）
介護離職
就労支援
失業
【格差/福祉】
低所得者
貧困
子育て育児支援
晩産
少子化
児童虐待(犯罪)
晩婚
家族
児童虐待(教育)
里親支援
【格差/
雇用・女性】
非正規雇用
未婚
継続雇用
ボランティア
活動
マタニティ
ハラスメント
セクシャルハラスメント
齢社会
労働災害
活躍】
長時間労働
【健康/
労働とメンタルヘルス】
女性活躍
ワークライフバランス
メンタルヘルス
自殺
いじめ
うつ病
男女共同参画
パワーハラスメント
【産業/知財と関税】
中小ベンチャー
企業支援
知的財産
TPP
・経済・国際化】
ビッグデータ
不正アクセス
【産業/情報化】
国際競争力
グローバル
化
【外交/北朝鮮】
個人情報保護
財保護
北朝鮮問題
AI
者問題(文化)
拉致
EU離脱
弾道ミサイル
人労働者
テロ
国際テロ
領有権
北方領土
強制労働
組織犯罪

opyright © 2018 JST All Rights Reserved.

JST 国立研究開発法人
科学技術振興機構
Japan Science and Technology Agency

そして、表の右端欄には判定としてその原因の5割以上を科学的手法で解決出来うる場合は○、科学的手法で貢献できるが1割から5割未満は△、科学的手法での貢献が1割未満は×として評価した。

　その結果が図1-2と図1-3である。

　判定の○△×は筆者の主観によるところであるので、読者の皆さまには異論があるかも知れないが、この本の主たる目的が理工系人材育成の結果として科学的手法で課題解決をしていく姿を考え、そのような人材輩出に向かう高専教育の紹介と小中学生の関心を向かわせる目的に鑑みてお許しいただきたい。

　尚、読者の皆さまのご意見も大切にしたいので、異論やご意見は巻末のアンケート調査URLにていただければ幸いである。

世界のSDGs17目標と科学的解決の可能性

順	SDGsの17目標	原因系のキーワード	科学的解決
1	貧困をなくそう	経済的（低所得）、社会的（地理、不利な環境）etc	△
2	飢餓をゼロ	気候変動で農作物収穫不調、経済的原因etc	○
3	すべての人に健康と福祉を	健康衛生の医療機関へのアクセスに制限あることetc	○
4	質の高い教育をみんなに	貧困、女性・ジェンダーに対する教育機会差別etc	○
5	ジェンダー平等を実現しよう	女性差別の文化的・社会的な慣習、教育格差etc	×
6	安全な水とトイレを世界中に	貧困で衛生施設にアクセス制限、水資源の地理的etc	○
7	エネルギーをみんなに そしてクリーンに	化石燃料の使用、エネルギー貧困、技術的な課題etc	○
8	働きがいも経済成長も	格差の拡大、安全な労働環境の欠如、賃金の格差etc	△
9	産業と技術革新の基盤をつくろう	技術格差、研究開発の投資不足、地域の不均衡etc	○
10	人や国の不平等をなくそう	社会的・経済的不平等の維持、歴史的背景etc	×
11	住み続けられるまちづくりを	都市計画、地方再生、過剰開発防止、大気汚染etc	○
12	つくる責任 つかう責任	消費増加、資源枯渇、廃棄物増加、人々の意識	○
13	気候変動に具体的な対策を	化石燃料の使用、森林伐採、経済活動、人口増加etc	○
14	海の豊かさを守ろう	過剰漁獲、海洋汚染、気候変動、海洋開発・利用	○
15	陸の豊かさも守ろう	森林破壊、土地の過剰利用、絶滅危惧種の減少	○
16	平和と公正をすべての人に	紛争やテロ、腐敗や不正行為、格差や差別etc	×
17	パートナーシップで目標を達成しよう	持続可能な開発に向けた国内外の課題etc	△

図1-2

日本の社会的課題100選と科学的解決の可能性

順	分野	課題事項	原因系のキーワード	科学的解決
1	安全保障分野	常に外交努力	周辺国関係が脆弱、領土・歴史問題未解決	×
2		迅速な国際情勢分析処理体制	世界情勢が急速変化、安全保障上の脅威が多様化etc	△
3		地道な途上国支援	政府もメディアも欧米諸国だけ見ている	△
4		防衛装備品の近代化	長らく平和国家、防衛装備品の欠如	△
5		サイバーセキュリティ	サイバー攻撃する国組織が増加、人材不足	○
6		北朝鮮の脅威	国内統治の強化、米国との一体性の問題	×
7		中国の台湾侵攻	中国国家安全保障に関する戦略目標達成	×
8		尖閣諸島防衛	領有権の主張、各国歴史認識や過去経過	×
9		北方四島返還	日本とロシアの間に領土問題、国家間認識	×
10		拉致問題	北朝鮮のスパイ活動や情報収集	×
11		国際テロ	国際的なテロリスト組織の活動が複雑化	△
12	経済安全保障分野	エネルギー確保	国内エネルギー資源不足、資源輸入依拠	○
13		半導体供給と新開発体制	技術力の低下、技術移転の影響力を想定しなかった、人材不足	○
14		サプライチェーン途絶	世界的なグローバル化や産業の国際分業	○
15		サイバー攻撃・諜報・身代金要求	情報システム複雑化、攻撃手法巧妙化、セキュリティ意識の問題	○

図1-3-1

順	分野	課題事項	原因系のキーワード	科学的解決
16	環境分野	CO2排出抑制	化石燃料の使用量が増加	○
17		地球温暖化	温室効果ガスの増加	○
18		気候変動	人間活動で放出される温室効果ガス	○
19		環境汚染	産業や交通の発展に伴う人間活動	○
20		自然災害（地震台風大雨洪水土砂崩れ豪雪）	本来自然災害発生を完全に防ぐことは困難但し、激甚化は気候変動などが原因	○
21		生物多様性の危機	人間活動による自然環境の変化や破壊	○
22		絶滅危惧種	森林伐採や違法狩猟、環境破壊、気候変動	○
23		外来種	主には人間の経済活動によるもの	○
24		海洋プラスチック（マイクロプラスチック）	人間がプラスチックを多用し、廃棄に関してルール化していないため	○
25		PFAS規制とその対応	人間が開発し、多用しているため	○
26		資源のリサイクル	廃棄物量の増加、有限資源の枯渇問題	○
27		原発事故・廃炉	設備的人為的ミス、再生可能エネルギー未達成	○
28	資源・エネルギー分野	安定したエネルギー調達	資源の偏在、再生可能エネルギー発電量の変動、地政学的な要因やテロ行為	○
29		資源の枯渇	人口増加や経済成長で需要の増加etc	○
30		原子力活用	事故後の原子力への国民の不信や反発etc	×
31		再生可能・自然エネルギー	投資不足、社会システムの構築不足、バランス政策の不足、自然災害への対策不足	○
32		レアメタル	資源小国、代替技術の開発未着手	○
33	経済分野	大量生産・大量消費行動	消費者価値観変化、供給網のグローバル化激化	×
34		生産性向上・競争力強化	グローバル化や高齢化による人口減少、労働力不足、海外企業との競争が激化	○
35		企業倫理	グローバル化、法やルール遵守しない体質	×
36		タックスヘイブン	国際的な税制不均衡、企業の利益追求etc	×
37		反競争的行為	新市場や方法へのルール設定追いつかない	×
38		食品偽装	競争激化やコスト削減への企業利益追求	×
39		偽装請負	労働者権利保護不十分、企業の抜け道探し	×
40	人口分野	少子化	経済的な不安定感、働き方の変化etc	×
41		高齢社会	高齢化率の増加、日本の核家族風土	×
42		労働人口の減少	少子高齢化による出生率が低下etc	○
43		移民受入れ	労働力不足や高齢化、国民意識と政策	○

図1-3-2

順	分野	課題事項	原因系のキーワード	科学的解決
44	文化分野	伝統文化の継承	ライフスタイル変化、伝統文化継承意識	×
45		文化財保護	適切予算配分不足、保護への意識の低さ	△
46		世界遺産の保護	日本では世界遺産多いが財政が見合わない	△
47	医療／福祉分野	社会保障費の増大	高齢化、医療技術の進歩、生活習慣の変化	×
48		介護士や看護師の不足	働き方改革や待遇改善遅れ、若年層減少	○
49		医療や福祉の未整備・崩壊	高齢化、少子化、医療や介護現場の人材の不足、地域格差の問題	○
50		超高齢者による医療・介護負担の増大	超高齢社会の進展、医療技術の進歩での長寿化、生活習慣病や認知症患者の増加	○
51		感染症対応（新型コロナウィルス対応策）	感染症の急速な拡散に対する準備不足や、医療体制の限界、政策の遅れ	○
52		医療格差	医療機関分布や医師不足、高齢化地域格差	○
53	労働分野	非正規雇用	労働コスト削減で非正規雇用常態化etc	○
54		低賃金	企業側の競争力確保のために人件費削減	○
55		人材不足	高齢化で需要増加、若年層減少、地域格差	○
56		過労死	長時間労働定着、労働環境意識改革進まず	×
57		働き方改革	長時間労働を容認する労働文化etc	△
58	人権／倫理分野	ハラスメント	意識低さや根強い差別意識、職場権力関係	×
59		ジェンダー不平等	根強い男性優位意識、男女間の固定観念	×
60		ブラック企業	経済的競争や利益追求への人件費削減etc	×
61		いじめ	人間関係の複雑化や個人的な意識欠如etc	×
62		虐待・暴力	社会的なストレスや不安感、家族内問題	×
63		LGBT支援	性やジェンダーの固定観念で偏見や差別	×
64		ヘイトスピーチ	歴史的な背景や文化的な違い、個人的偏見	×
65		生命科学の発展と生命倫理	生命科学技術が急速に進歩しているが、社会的・倫理的な問題へは対応が追従せず	×
66		安楽死	倫理的・宗教的な観点と法的な責任問題	×
67	教育分野	偏差値教育	高校の偏差値が希望校合格に影響する	○
68		教育格差	社会的・経済的背景の違い、地域間の格差	△
69		ニート	就職難や人間関係のストレス、経済的理由	×
70		ヤングケアラー	高齢化や核家族化、介護保険制度の限界	△
71		教育・保育現場の人材不足・待遇改善	少子高齢化、政府予算の不足、保育園学校の人員不足、共働きで保育ニーズの高まり	○
72	多様性のある社会分野	女性の活躍	長年の男尊女卑の歴史や文化、環境未整備	○
73		ダイバーシティ	歴史的な社会構造や文化的背景、偏見etc	○
74		障害者雇用	障害者に対する偏見や差別etc	△

図1-3-3

順	分野	課題事項	原因系のキーワード	科学的解決
75	防犯分野	窃盗	少額から高額まで被害の種類や範囲が広い	×
76		詐欺	高齢者増加で彼らを狙う犯罪の拡大etc	○
77		個人情報保護	個人情報を収集・利用することが容易etc	○
78		性犯罪	性的偏見や性教育の不足、表面化しないetc	×
79		高度化・複雑化するサイバーリスク	技術進歩でサイバー攻撃手法が進化、セキュリティ対策が不十分、意識が低いetc	○
80	食の分野	食糧不足	農業の生産性向上、食糧ロス削減etc	○
81		食料自給率	農業生産性の低さ、農村地域人口減少etc	○
82		フードロス（食品ロス）	生産過剰、消費期限切れや外観不良などによる商品の廃棄、流通過程での損失etc	○
83		食の安全	グローバル化、情報の透明性が低いことetc	○
84	地域/社会の分野	インフラ老朽化	維持管理計画の欠如、財政難で投資不足etc	○
85		空き家放置	過疎化、都市部人口流出、所有者意識欠如	○
86		耕作放棄地	都市部への人口集中、後継者不足	○
87		所得格差	少子高齢化やグローバル化で競争激化etc	×
88		ワーキングプア	格差の拡大や企業の利益優先	×
89		子どもの貧困	親の雇用不安定や低賃金、離婚や死別etc	×
90		ホームレス支援	行政のホームレス理解不足、当事者意識etc	△
91		シングルマザー(母子家庭)の貧困	離婚や未婚出産、男女間の賃金格差や雇用形態の不安定化etc	×
92		自殺	長時間労働やストレス、孤独孤立貧困etc	×
93		若者の孤独・引きこもり	家族機能変化、地域社会弱体化、教育就労環境変化、人間関係に対する不安感etc	○
94		待機児童	保育施設不足や待機児童発生対策がないetc	×
95		被災地支援	災害予測や対策不十分、救援復旧策未整備	○
96		NPO支援	NPOに対する理解が不足	×
97		事業後継者	若者都市部へ流出、後継者不足の情報不足	○
98		高齢者の孤独死・社会的孤立	独居高齢者増加、地域コミュニティ支援不足、身体・精神的問題、住環境交通問題	○
99		限界集落	過疎化や高齢化、都市への人口流出etc	○
100		地方経済の停滞	都市部人口流出、農林水産衰退、格差拡大	○

図1-3-4

分析評価したこの表でも分かる通り、人権に関わるものや国家間の紛争、人々の意識、過去からの慣行、犯罪心理などは科学的方法で解決は難しいものの、〇と判定したものはSDGsでは11項目、100選では52項目、△を含めるとSDGsでは14項目、100選では89項目に対して科学的方法で解決または何らかの寄与ができると言うことが分かった。

　つまり、世界や日本におけるこうした社会的課題の半分から9割にかけて科学的方法で解決や寄与ができるのである。

　環境問題をはじめ、資源・エネルギー、医療／福祉、労働、食、地域／社会などの多くの分野で起きているこうした社会的課題は根が深かったり対策が広範囲に及んだりするが、「はじめに」で示した社会実装教育を受けた者の活動が各地・各分野で地道な活動を継続すれば少しずつ解消に向かい、やがてはそれぞれの課題が解消してよりよい社会、住みやすい社会が現れると考える。

　もちろんこのような社会実装技術は高専だけのものではない。
　しかし、全国高専ではその教育手法をものにしようと力（予算と具体的活動展開）を入れはじめたのだ。

　これまでは国の予算はなかったが、令和4年度より文科省の「スタートアップを支援する」予算などとして付き始め、全国高専も呼応するように創意工夫をして様々な形で教育の場の提供をはじめている。
　つまり、社会実装を学ぶには高専が一番なのである。

このことが「高専は地球を救う」ゆえんである。

　本書はこの社会実装教育とは何かを紐解くが、先ずはベースとなる高専教育や心身を育成するキャンパスライフを紹介していこう。

注記

（注1-1）社会的課題についての参照先
1.政府
内閣府、デジタル庁、復興庁、総務省、法務省、外務省、財務省、文部科学省、厚生労働省、農林水産省、経済産業省、国土交通省、環境省、防衛省　（子ども家庭庁は調査段階2023/2では未発足）
2.政府系シンクタンク
①経済社会総合研究所（内閣府）
②警察政策研究センター（警察庁）
③経済産業研究所（経済産業省）
④地球産業文化研究所（経済産業省）
⑤財務総合政策研究所（財務省）
⑥行政管理研究センター（総務省）
⑦日本銀行金融研究所（日本銀行）
⑧日本国際問題研究所（外務省）
⑨防衛研究所（防衛省）
⑩科学技術・学術政策研究所（文部科学省）
⑪国立教育政策研究所（文部科学省）
⑫国立研究開発法人　科学技術振興機構　（文部科学省）
　社会技術研究開発センター（RISTEX）
　https://www.jst.go.jp/ristex

RISTEXにおいて社会的課題を網羅的に関係性を含めイメージ化した図
https://www.jst.go.jp/ristex/internal_research/survey/

3. 民間において社会的課題をテーマにしたホームページ
① Tailor Works
　　https://tailorworks.com/column/07/
② デジタルトランスフォーメーションチャンネル
　　https://www.digital-transformation-real.com/blog/social-issues-facing-
　　japan
③ サスコンサルティング合同会社
　　https://andomitsunobu.net/?p=8713
④ COCOCOLOR EARTH
　　https://cococolor-earth.com/social-issues/
⑤ ソーシャルグッド　Catalyst
　　https://socialgood.earth/social-issues_japan/
⑥ 誰一人取り残さない　SDGs media
　　https://sdgs.media/blog/7168/
⑦ 株式会社IKUSA
　　https://sdgs-compass.jp/column/1516/

第2章
高専教育Ⅰ
―比類なき教育システム―

01 キャンパス数は全国で62と圧倒的な高専

　先ず、高専は全国にどのように分布しているか紹介する。

　この図2-1の地図には載っていないが、2023年4月徳島県に私立神山まるごと高専が開校した。

　高専は国立51校55キャンパス、公立3校、私立4校で全国62キャンパスが散らばっている。

　ほとんどの都道府県にあるが、ない県（神奈川、埼玉、山梨、滋賀、佐賀）もあるので、受験する場合は他県の高専となる。

　高専は中学校卒業後15才から5年間の一貫教育をするところに大きな特徴があり、大学などと同じ高等教育機関である。

　卒業後の就職率はほぼ100%で常に高卒・大卒を上回る。

　ほとんどの高専が工業系（商船高専は商船学科）の学科を有しているが、国立、公立、私立とそれぞれ特色があるので詳しくは各高専のホームページを参照いただきたい。

全国の高専へのアクセスは文科省と高専機構のリンク^{（注2-1）}が便利である。

02 ブレない高専教育の基軸とブ厚い教授陣

国立高専は高専機構（詳述：第3章）と呼ばれる独立行政法人傘下の学校となっており、大まかには工業系（機械・材料、電気・電子、情報、化学・生物、建設・土木）と商船系（航海、機関）の学科となる。

入学と進学の高専のキャリアパスは図2-2のようになっている。

中学校を卒業した者が本科に入る。本科5年を修了して社会人になる者、本科卒業後2年間の専攻科に進学する者、または他大学の3年次に編入する者と多彩な進路がある。専攻科を修了し、NIAD-QEの審査（※）に合格すると「学士」の学位を得られる。（※ NIAD-QEについては後述する）
もちろん、学士を修了した後に修士や博士の道もある。

現在、高専の5年間本科卒業後6割が就職、4割が進学。専攻科修了者の6割が就職、4割が進学という傾向である。
一方、高校からは編入試験に合格すると本科の4年次に入学することができる。

高専教育の最大の特徴は次の3つである。

図2-1（出典：高専機構）

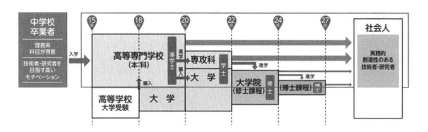

図2-2（出典：高専機構の広報誌（高専概要）2022年版）

①15才からの５年間一貫の技術者教育
②実験・実習を重視した専門教育
③専攻科で２年間のより高度な教育
この特徴を少し詳しく記述しておきたい。
先ず、「実験・実習を重視した」件について触れたい。
なぜかというとこの本が「社会実装教育」を紹介するに当り、この実験・実習はベースになる教育体系なのである。

大学工学部が理論を中心に教育を受けていくが、高専の場合同じ工学系の理論でもそれを実験・実習を通して体得することに軸足が置かれている。

企業に入社した大卒と高専卒では、良く聞かれる評価が「大卒は理論・理屈ばかり、高専卒はすぐはじめるので仕事が先に進む」と言うことである。これは本当にあらゆる企業から評価される感想である。

高専卒は学生時代に実験・実習を通して「何から手を付ければよいか知っている」、「その理論の証明に対して何を準備して実証すればよいか分かっている」と言うことなのだ。
大卒の場合、理論は知っているが何を準備してどこから取りかかるかのやり方が分かっていないと言うことである。

したがって、この「実験・実習を重視した専門教育」と一行の簡単な言葉で紹介されるが、実は高専教育の神髄とも言うべき教育システムなのだ。

この実験・実習を重視した教育は多感で吸収力のある15才からの5年間でたたき込まれるので日頃の習慣として身につく、それを5年一貫教育としてなされるわけである。

　これが真に強力な技術者を生み出す源泉である教育システムだ。

　したがって日本の産業界にとって、とても欲しがる人材が輩出できるので、産業界からは引く手あまただ。

　日本の産業界はもちろん大卒もたくさん採用するが、大卒に比べ少数であっても喉から手が出るほどほしいのはこの高専卒である。
　このことは先に述べた「高専卒の就職率はほぼ100％で常に高卒・大卒を上回る」という言葉に集約される。

　こうした高い次元で技術者教育をできるのは高専機構が進める教育の質の保証の体制である。
　これは国立高専の全ての学生が到達すべき能力水準・修得内容を「コア」とし、一層の高度化を図る指針の「モデル」を提示して教育する「モデルコアカリキュラム教育システム」によるものである。
　高専教育のいわゆる高位平準化をする仕組みだが詳細は高専機構のホームページ（注2-2）でご覧いただきたい。

　次に高専で教える先生方の位置づけをご説明しよう。
　高専において教鞭を執られるのは教授、准教授と呼ばれ博士号

や修士号をお持ちの研究者であり全教員の8割を占める。

　ここがそもそも高校と違う教育機関であることを示している。

　15才を超した少年少女がいきなり質の高い工学教育を受ける環境であり少々カルチャーショックかも知れない。
　近年は各高専とも自前の教授陣のみならず産業界を筆頭に様々な業界から客員教授などを招き教育をされ、その道の最先端の技術や諸々の学問（例えば経済学なども）を教える機会を講じている。

　次に専攻科についてお話しをしておきたい。
　これは平屋だった家が2階建てにグレードアップしたようなものだ。
　1階が本科の5年、2階が専攻科の2年である。

　高専は60年の歴史を積んでいるが本科5年での位置づけは世間的には「短大・高専卒」である。工学系の知識と技術は大卒並みまたはそれ以上という自負とは裏腹の評価を現在も受け続けている。

　学歴社会の中で世間では「大卒でないと……」という言葉で象徴される風潮があるため苦労をしてきた高専卒の歴史だ。
　このことは専攻科設置の裏側の理由だが、もう一つ表側の大きな理由がある。

高専設立から10年、20年と教育システムの歴史を刻んでくると卒業生の中から更に高度な教育課程を極めたいというニーズがあり、その受け皿として機能する豊橋技術科学大学と長岡技術科学大学（以降、技科大と称する）が設置された。

　高専から両方の技科大へ試験を経て進学できるようになり、現在技科大は高専卒業生の3年次編入を定員の過半数として受け入れている。

　また全国の大学工学部でも3年次編入ができるようになってきた。

　そうした、「更に高度な教育課程を極めたい」ニーズに対して各高専が自分の高専内でできるように設置したのが専攻科である。

　国立高専では全ての学校に設置されており、専攻科を修了した者が独立行政法人大学改革支援・学位授与機構（略称：NIAD-QE）の審査で合格すれば「学士」の学位を受け世間的な大学卒と同等となる。

　専攻科の教育期間は通常2年であり、その高専生も年齢を22才となり通常の大卒と同じになる。
　これが専攻科を設置した表の理由である。

　この表裏の事情で専攻科が設置され、本科卒業後の進路で就職6割、進学4割となり、その4割の半分は専攻科に進学する（残りの半分は他の大学へ編入）。

専攻科は設定当初は機械工学専攻、物質工学専攻などと分かれていたが現在は「複合工学専攻」と言う名称に集約されつつある。

　これは機械工学専攻とか電気工学専攻とか分ける意味を持つことが弊害になり得ると言う理由である。
　学生は様々な教授の研究室所属となって専門性の研究で高度な教育を極めようとするわけだが、「機械工学だから電気は出来ません」、「物質工学出身だから電子制御はちょっと……」と言ってはいられないのが実情なのだ。

　つまり、自分の研究を推進するためには自ら機械を動かし、プログラムを組み、制御し、分子レベルの動きも知る必要が生じる。
　そうした研究に身を投じる中では「自分は電気だ」、「物質工学だ」と言っている状況ではない。
　研究は世界の最先端を行く研究をやっていることが多いわけであるからなおさらである。
　工学的な分野においては真に学際的な知識と技術を駆使し、それを身につけることになる。

　高専の教育は高度化（第3章で詳述）されるが、高専教育60年の歴史の中で5年の一貫教育、実験実習を重んじる教育制度などぶれない教育基軸の上に専攻科や大学編入の道が出来てきたことをご理解願いたい。

公私立高専の概要

公立高専は3校、私立高専は4校あり簡単に紹介しておこう。

①都立産業技術高専（公立）

　機械システム工学、AIスマート工学、電気電子工学、情報システム工学、情報通信工学、ロボット工学、航空宇宙工学、医療福祉工学など多彩な学科を持つ。上位の専攻科も有している。

②大阪公立大学工業高専（公立）

　2022年度以降、エネルギー機械、プロダクトデザイン、エレクトロニクス、知能情報の各コースを持っており、専攻科については2024年4月専攻科入学生で終了し、それ以降は公立大学への編入をする体制となっている。

③神戸市立高専（公立）

　機械工学、電気工学、電子工学、応用化学、都市工学を持っている。専攻科も有している。

④サレジオ高専（私立）

　デザイン学、電気工学、機械電子工学、情報工学を持っている。専攻科も有している。

⑤国際高専（私立）

　ここは他の高専とは違い、英語を中心とした理工学を学ぶ体制で国際理工学科と呼ぶ。1、2年で数学、理科、情報を英語で学ぶ。3年生はニュージーランドに留学し、現地で電気、機械、情報、化学を学ぶ。

　4、5年生で数学、物理、化学、生物、情報を英語で学ぶと

なっている。専攻科はないが金沢工業大学への3年次編入制度があり金沢工業大学で3、4年次の学部教育と更に大学院1、2年次の大学院教育のルートが出来ている。

⑥近畿大学高専（私立）

機械システム、電気電子、制御情報、都市環境の各コースを持っている。専攻科も有している。

⑦神山まるごと高専（私立）

この高専は2023年4月に開校したばかりで2028年3月に初めての卒業生を出す予定である。

この本の執筆現在（2023年4月）では全国の中学卒業生から合格した44名が入学したばかりである。

ここの教育理念は独特で「テクノロジー×デザイン×起業家精神」となっている。

教員も様々な経歴の持ち主と既に経営者になっている方が名を連ねている。

なにせ新しい高専で教育内容もこれまでの高専とは一線を画する。

教育の幹は決まっているが、枝や葉の部分は全国の中学を出てきた新入生と一緒に作り上げていくのではないだろうか。

筆者も特に関心を持っているのはこの本のメインテーマである「社会実装教育」、「アントレプレナーシップ（起業家精神）」を教育カリキュラムに取り入れていることである。

⑧滋賀高専（公立）

滋賀県が2028年度開校に向けて準備を進めている県立高専。

機械系、電気電子系、情報技術系、建設系を科目とする予定だ。

　筆者としてはこの本の主題である「社会実装教育」が、新スタイルの神山まるごと高専等と切磋琢磨しながらお互いのよい点を磨き合って成長して行けばよいと願っている。

　以上が公私立高専の概要である。

 ## 揺らぎが生じた高専制度の歴史、そして助けてくれたのは？

　創立60年を経過する高専制度も途中で苦労した経緯がある。そうした経緯を少しご紹介しよう。
　図2-3は高専の歴史概要と卒業生に求められた人材像である。

　2ページにわたり、若干見にくいが左から右のページまで見渡してほしい。
　先ず中央の水平域が簡単な高専の歴史である。
　1962年に全国で国立の高専が12校開校してそれ以降次々と全国にでき現在までの数になった。

　10周年より後に豊橋と長岡に技科大が出来た。
　1990年代に専攻科が設置され、全国高専に広がった。各高専はそれぞれ独立して文科省の下で活動していたが、2000年代に高専機構が出来て、国立高専はその傘下に入った。

そして図2-3の下部の領域であるが、高専の評価などである。

　高専は設立当初から産業界で「優秀で使いやすい」とされ、この評価は現在までずっと続いている伝統である。

　しかし、1990年代は高専卒業後に大学に進学する者が増え、「なんだ結局大学に行くんじゃないか。高専はいらないじゃないの」と言われ、一時期教育界で「高専不要論」^(注2-3)がささやかれた時期もあった。

　このように教育界で一部低迷した時期が合ったがそれを新たな進化に道を開いてくれたのは海外だった。

　大きなきっかけは2006年のOECD調査と報告、2011年のワシントンポストのOECD報告への論評、そして何よりもアジア各国からの熱い高専制度誘致の声であった。

　このような外部からの評価により国会議員団が動き出し、高専の更なる進化への動きが始まった状況である。

　つまり高専は学校制度としては創立からびくともしていないが、一部教育学界で議論としての「揺らぎ」が生じたことは事実と言えよう。

　さて、図2-3に戻り若干説明を加えておきたい。

　歴史の後半の機構の動きや文科省の予算付けの話題である。

　機構は2000年代以降、傘下の高専に対し全国での教育の高位平準化としてモデルコアカリキュラムの導入やNIAD-QEからの審査で教育レベルと教授陣の質の保証をすることになった。

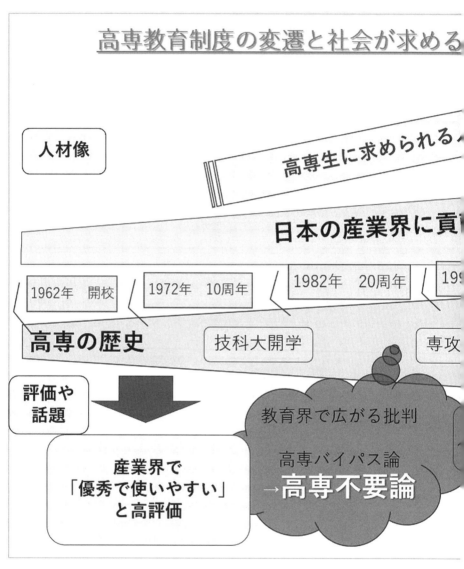

図2-3

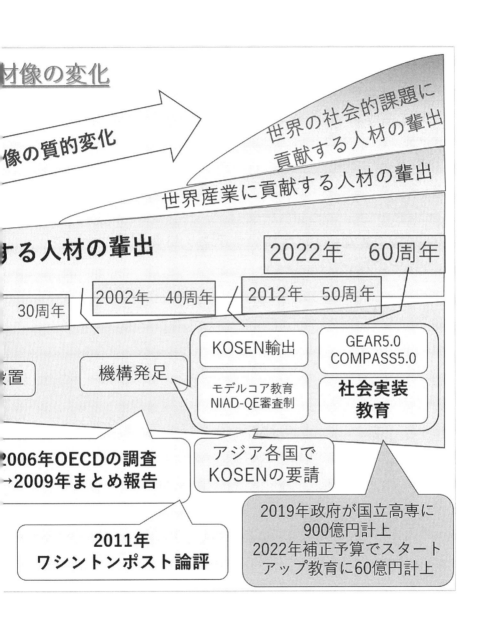

材像の変化

像の質的変化

世界の社会的課題に貢献する人材の輩出

世界産業に貢献する人材の輩出

する人材の輩出

2022年　60周年

2002年　40周年

2012年　50周年

30周年

KOSEN輸出

GEAR5.0
COMPASS5.0

機構発足

モデルコア教育
NIAD-QE審査制

社会実装
教育

置

2006年OECDの調査
→2009年まとめ報告

アジア各国で
KOSENの要請

2011年
ワシントンポスト論評

2019年政府が国立高専に
900億円計上
2022年補正予算でスタート
アップ教育に60億円計上

また、海外の要請に応えて日本の高専制度を特にはアジアを対象に「KOSEN」として教育のシステムを輸出することになる。

　そして近年ではSociety5.0という高専の高度化プログラムによるGEAR5.0やCOMPASS5.0が進められているが、これは第3章で記述したい。

　筆者が注目しているのはここ数年において芽を出し、定着と全国高専に広がろうとしている「社会実装教育」である。これは第4章〜第6章で詳しく述べる。

05 揺るぎない「卒業時の求める人材像」とその進化

　次にこの高専教育で輩出した人材の話だが図2-3の上部をご覧いただきたい。

　高専を出た人材は我が国の産業界から高評価を受けて、日本の産業界に貢献する人材を輩出し続けている。

　そして、2000年代頃からアジアを中心とした留学生を受け入れはじめ彼らが母国に帰りそれぞれの国で技術者として活躍はじめている。

　また、アジアの国からの要請を受けて政府はそれらの国に高専教育システムを「KOSEN」と呼んで輸出（教育体制を現地で実現）し始めた。

　これにより高専が輩出する人材像は世界の産業界に貢献するという層が生まれた。

現在、高専を卒業し起業した者、または高専との産学連携での地域共同研究によって社会的課題を解決する人材や組織がたくさん出始めている。

これらをまとめて俯瞰すると図2-3の右上のように、高専卒業者に日本の産業の、世界の産業の、そして世界の社会的課題を解決する人材と重層的な人材輩出をし始めているのである。

高専は設立当初から（日本の）産業界のニーズに応えた即戦力となる技術者を輩出して、その要望に答えて続けている。今後もこの傾向は変わらないと思うが技術の高度化対応、グローバル化対応に加え山積する世界の社会的課題を解決する人材を供給しはじめている。

06 キャンパスライフと学費など

高専のキャンパスライフや学費などについて触れておこう。

高専のキャンパスライフは全般的に「自由・自主・自律」という言葉で現してよいだろう。

中学校を卒業した少年少女とかたや5年生は大人であり、専攻科生も入れると22才までの学生が同居する。

高専1年生も「学生」と呼ばれ高校生が生徒と呼ばれるものに対しより高い印象を受ける。義務教育の中学校の生活をしてきた新入生はここでもカルチャーショックを受けるであろう。

学生自治は「学生会」と称し4年5年生が中心となって進めており、もちろん学校側・教員側との協調もするが、より独立性と自主性が強い。

　保護者などの後援会から補助される学生会予算も学校側と協調しながら自分たちの自主的な配分として高専祭（文化祭）や学生会の各種委員会、体育系・文化系クラブに配分される構造が出来ている。

　課外活動においては体育系と文化系クラブがたくさんあり活発に活動している。

　体育系クラブは年に一度の高専だけでの全国競技大会を全国の高専持ち回りで行っており、高専内では「高専大会」と呼ばれて学生達はとても熱心にクラブ活動をしている。

　文化部も各高専にたくさんの種類があり、こちらも活発な活動をしており、クラブ別にやはり全国まであるコンクールなどがある。

　さて、国立高専の学費と寮費について述べておきたい。

　一言で言うといずれも格安である。

　入学料は2023年度現在8万4千6百円、授業料は1年分が23万4千6百円であり、家計や成績などを条件とした免除制度がある。

　また、奨学金貸与・給付の経済的支援体制もある。

寮費に関しては、2023年度現在月々部屋代が7百円（1人部屋は8百円）、食費が約3万円、高熱水道料が約7千5百円、つまり寮生は1ヶ月の生活費は約4万円となる。

「遠方だから寮生活です」と言うことだけではない経済的にも厳しい家庭にはとてもありがたいものと言える。

07　すばらしき人格形成の場である キャンパスライフ

　キャンパスライフで先ずは課外活動に触れておきたい。

　一つはロボコンに代表される「……コンテスト」に向けた自主的な活動である、これはロボットづくりが好きな学生、プログラミングが好きな学生等などが集まり、そのチームで知識習得、腕を磨き、他校と対戦する高専ならではのコンテストだ。

「ロボコンがやりたいから入学した」という学生は昔からたくさんいる。

　ざっと挙げると、ロボコン、プロコン、デザコン、WiCON、DCON、GCONなど（注2-4）たくさんある。

　このようなコンテスト活動も高専キャンパスライフの魅力である。

　この各種コンテストだが全国高専の中で共通のものとして発展してきた。

　コンテスト類がなぜ成長してきたかというと学生の自律的な創造性を育む場として他の学校種では成長しにくいからである。

つまり、高校では進学のための勉強に時間を確保しなければならないが、高専は（5年間は）ないと言える。

　したがって、受験勉強に費やすエネルギーを自分の成長の場、技術や知識を習得する機会として課外活動ができるのだ。

　この意味はとても大きい。

　受験戦争から距離を置く高専ならではの文化と言える。

　この課外活動には更にもう一つ加えておく必要がある。

　それはこの本の主題となる「社会実装教育」だが、これは今のところ（長岡高専など一部の高専を除き）授業や講義があって学ぶような体系ではなく、この課外活動の自主的な活動から出来上がっていくものと述べておきたい。

　社会実装教育は後ほどこの課外活動と合わせて第4章〜第6章で述べたいと思う。

　その他、高専のキャンパスライフとしての学生会活動やクラブ活動、コンテストなどの課外活動はこれから述べる寮生活も含めて高専生の人生のとても重要な心身育成の場である。

　先輩へのリスペクト、後輩の指導など技術や知識の伝授だけにとどまらない人間性なども含めて伝統を引き継ぎ、その中から個々の高専生が育っていく基礎となっている。

　これはとても大きな要素である。15才から大人までひとつのクラブ活動に身を投じたりするわけで、自由なキャンパスとは言

え、先輩後輩の規律は厳しい面もあり、青春の一時期を過ごすのである。

　次に学生寮の話題である。
　国立高専には全ての学校に学生寮がある。自宅に最も近い高専でも通学はできないとなれば当然入寮（またはどこかに下宿、アパート住まい）である。筆者の佐世保高専時代では1、2年生は必ず全員が寮に入るという「全寮制」であった。
　最近は全国の高専で全寮制は少数派となり、自宅からの通学者もあり、希望する者は入寮できる体制となっている。

　ここは中学校卒業した者が様々な地域から集まってくるという言わば小さな「人種のるつぼ」状態になる。
　方言の違い、生活の仕方の違い、そして考え方の違いを体験し、これこそカルチャーショックを味わう。

　筆者も入寮時、方言で散々バカにされたが、今はよい思い出である。
　むしろその時代の同窓生や寮生は今でも友であり、人生の友人であり続けると感謝している。

　この寮での生活はこれまた「寮生会」という学生の自主組織があり、選挙などを通じて選ばれた寮生が組織を作って管理している。
　ある面で寮の生活は私生活であるから、色々なことがあり規律が厳しい。例えば門限や消灯、朝の一斉起床・点呼、食事時間な

どである。

　この寮生活では同室の者と寝食を共にすることによって考え方の違いや新しいものごとの発見などもあり多感な時代に強烈な印象とその後の人生に色々な影響を与える。

　この本を読んでいただいている方が小中学生を持つご両親で自分の子どもに自主自律で新しい世界を若いうちに経験させたいと思うならば入寮をお薦めする。そこで人の考え方の違いに気づいたり、人生の新しい世界を見つけたり、生涯の友を見つけたり、多感な時期に最高の時代を感じ経験する可能性がある。

　このように高専のキャンパスライフは魅力が詰まっている。とてもこの本では言い表せないし、各高専での違いは当然あるので近場の高専や気になる高専についてはその高専のホームページで内容を閲覧してほしい。

　このキャンパスライフの素晴らしさをまとめて言うと、松江高専の校長をされた荒木光彦氏は著書の中で「課外活動は、自主的な集団活動による『人格形成の場』であるとともに、学生自らが創意工夫を重ねて競い合う

ことによる『創造性教育の場』ともなっている。」[注2-5]と記述
されている。

08 受験戦争とは距離を置く高専教育

　ここで少し高校・大学と違い、高専という学校種に大きな魅力
があることをお話ししよう。

　読者の多くの方も受験戦争をくぐり抜けられて来た方ではない
だろうか？
　その経験はもちろん学力を蓄積した大きな効果もあるが、受験
に疲弊したり時間の無駄遣いをしたと思ったことはないだろう
か？
　あるいは自分の子どもにその経験は「出来ればさせたくない」
と思ったことはないだろうか？

　受験戦争という言葉が使われるようになったのは1970年代で
ある。この時期ある中学校のテスト業者のひとつが偏差値で序列
化しはじめたのがはじまりである。
　この方式が日本中にあっという間に広まり、大学、高校そして
中学をも偏差値による序列化をし、受験生は自分の偏差値により
受験をするようになった。
　日本独自の方式で海外にはない。日本の文化となっている。

　もちろんよい面もあるが、昨今では弊害が目立ちはじめた。

先ず、大学入試のための対策授業や塾通いが優先され、教育内容が入試対策に偏ってしまう。

　単に高得点を取ることに焦点が合わされ、人間形成に必要な学習や経験がおろそかにされがちとなる。

　家庭の経済状況や地域差なども成績＝偏差値に影響されることもあり教育格差が生じる。

　受験戦争によって個人が過度のストレスやプレッシャーを感じることによるメンタルヘルスや体調不調、家族間のトラブルを引き起こす。

　TVドラマで親の過剰な介入や強要などをシーンとしてよく見かける。

　もはや日本の「子を育てる両親の気持ち＝**空気**」となってしまった。

　このような受験戦争であるが、文科省も大学の入試改革や学校教育の質の改善などに取り組んではいるが、世間の空気を払拭するには至っていない。

　こうした中、高専はどんな位置にあるのかをご説明しよう。

　高専も全く偏差値教育・受験戦争に無縁というわけではない。

　現在高専の入学は推薦とペーパー試験で選抜される。

　推薦選抜は各高専により違いがあり、理数に加え英語も考慮している高専、5教科を考慮している高専など多少違いがある。

　ペーパー試験はその時のテストの出来具合のみで中学校の内申

などは影響を与えない。

　結果としては中学校時代の通知表の理数系評点が4や5を取る生徒が受験する場合が多く、ある程度理数系が得意か一生懸命勉強した生徒が受かりやすいのは事実である。

　だが、高専に入学した者のその後はどうだろうか？
　遊ぶわけではないが「受験戦争はない」状態と言える。
（もちろん勉強しないと落第や卒業できない状態になる）

　この受験戦争がなくて基礎的な学問の、また専門的な学問の学習に時間を使えることはこの5年間の時期とても尊い。

　また、大学で良くあるケースで、様々な高校から入学した大学1年生を同じレベルに合わせるために入学後一時期、レベルあわせの高校科目の復習をする大学もある。
　このような無駄の時間も省けるのである。

　高専生は受験戦争から解放され、自分の学習したい分野、興味を持つ専門性に時間を割けることができるのである。

　こうした自分なりの勉強や研究を続けて行く結果、5年後の社会人への道、専攻科または他の大学への進学の道が自然な形で見えてくることになる。

09 中学卒業生に求めるものと高専卒業時の人材像

　高専は中学卒業後に進学するモデルとなっているが、他の高校をやめて受験する者もいるし、帰国子女枠を持っている高専もある。

　基本的には日本の中学校を卒業した学力を有する者が対象だが、例えば工業系の高専では主に理工系人材を育成するという観点から中学卒業する人材に次のような素養を求めている。
　①自然現象への関心が高く、なぜだろうと関心を抱くもの
　②ものづくりが好きなもの
　③機械、電気電子、プログラミング、化学・生物、ロボットなどに興味を持っているもの
　④数学と理科に優れたもの

　この本を手に取られた方が小中学生のご両親であれば自分の子どもに次のような傾向があれば高専に向いていると考えられる。
　●海の動物、陸上の動物、昆虫などの生物に関心がある
　●気象や天体、海や森・川などの自然を観察し、親しむ
　●工作が好きだったり、模型などの組み立て、分解が好き
　●機械の構造に関心があったり、電気の原理などに興味がある
　●ゲームはすることだけでなく、それを作ろうとする
　●プログラミング（スクラッチなど）に興味がある
　●学校で理科や数学の成績が良く、その科目に関心が高い

上記は事例であるので、その子の特性をよく見ていただきたい。

　また、高専を卒業した場合の位置づけは専門性を有した技術者とされ、本科5年を卒業した場合は「準学士」と称され、専攻科を修了し、NIAD-QEの審査に合格すれば「学士」の学位を取得することになる。

　詳しくは各高専のホームページから「求める入学者像（アドミッションポリシー）」や「卒業後の人材像（ディプロマ・ポリシー）」として公表されているものをご覧いただきたい。

10 障害者の入学・就学・進路支援、入試時期、他地区高専への受験

　高専では、発達障害や身心上の障害や病気を持つ者の入学や就学、進路指導を障害学生支援室やカウンセリングルームなどの施設があり、専門の教育支援員やカウンセラーが相談に乗ってくれる。

　入試についても配慮措置が受けられる。
　理工系のセンスがある障害者も入学にチャレンジしてみることができるのだ。
　具体的な内容は希望する高専のホームページをご覧いただき、その高専にお問い合わせいただきたい。

　入試時期は高専については一般の高校より早めの2月〜3月で

ある。

　高専と通常の高校の入試は競合しないことが多いので、うまく入試タイミングを組むことができる。

　また、近場の高専に自分の希望する学科がなく、遠方の高専を希望する場合、近場の高専で受験してその希望する高専で合格可否を受けることもできる制度がある。
　自分の希望に添った学科を遠方の高専入学で達成できる。
　詳しくは近場の高専もしくは希望する高専に問い合わせてほしい。

　この章をまとめると、中学卒業後5年間の基礎教育と専門教育を実験・実習を通じて無駄のない教育を受けること。
　そして、「自由・自主・自律」という精神のキャンパスライフで若者を育て上げる教育システムはこの「高専」しかない。

　筆者自身もこの5年間を謳歌したと思うし、振り返ってみれば人間形成の場であったと感じている。

　Web上の情報では「少人数のクラスで5年間同じ人との関わりしかないので狭い人間関係と視野にとどまる」という評価を目にしたことがあるが、それは間違いだろう。

　筆者はむしろ次のように表現する。
「中学校卒業後同じ目標を持つ者が集まる。成績レベルもほぼ粒ぞろい。

つまり、学力レベルや向いている方向性が合っているものが集まると学習やチームワーク作りに集中できる環境ができる。

　このような者が切磋琢磨して学習したり、キャンパスライフを5年間過ごすととても中身の濃い関係性が生まれ、知識技術習得もさることながら生涯の友を得られる大きさは測り知れないものだ」

　こうしたことが高専の基礎教育としての制度であり風土である。

　これは世界的にも希な教育システムであり、アジア各国が注目するゆえんでもある。

　政府や文科省は「高専は世界的にもユニークな制度で日本独自のもの」と表現されるが、中身は以上のようなことである。

注記

（注2-1）全国高専へのアクセス
①文科省　全国高専へのリンク
https://www.mext.go.jp/b_menu/link/koutou.htm

②高専機構　全国の国立高専へのリンク
https://www.kosen-k.go.jp/nationwide/allkosen/all_kosen_linkmap.html

（注2-2）高専機構の教育の質の保証
https://www.kosen-k.go.jp/about/profile/main_super_kosen.html

（注2-3）高専不要論とその反論
①高専教育に携わって思う我が国の技術者教育
井上雅弘氏（元佐世保高専校長、九州大学名誉教授、工学博士）
『工学教育』55巻3号、2007年、11-16頁
https://www.jstage.jst.go.jp/article/jsee/55/3/55_3_3_11/_pdf

②高専制度創設50周年記念：高専制度50年に思う
中尾充宏氏（元佐世保高専校長、九州大学名誉教授、理学博士）
『九工教ニュース』No,30、2012年、3-4頁
http://qsee.jp/kyukonews_list/pdf/news_30.pdf

（注2-4）高専の各種コンテスト
https://www.kosen-k.go.jp/company/public/joho_kouhou.
html
国立高専機構概要の「学生生活　コンテスト・体育大会」のページを
参照下さい。

（注2-5）書籍　技術者の姿「技術立国を支える高専卒業生たち」荒木光彦氏（元松
江高専校長、元京都大学教授　工学博士）監修　2007年11月29日発行　世界思想
社　18P

第 3 章
高専教育 Ⅱ
―すごすぎる教育研究の高度化―

01 本社である「高専機構」概要

正式名称の独立行政法人国立高等専門学校機構（以下、高専機構または機構と呼ぶ）は国立高専を設置・運営し、高等教育機関の発展を図ることを目的として2004年4月に独立行政法人として設置された。

文部科学省の所管の元、東京高専の隣接地に本部がある。

高専機構が設置される以前は独立していた各高専が個別に教育活動をしていた側面があったが、高専機構の傘下に入ることによって統率がとれることになった。

各高専の年間予算も高専機構と文科省で協議し、文科省が財務省に概算要求する形で決められることになった。

高専機構は傘下に国立の51高専を持ち、学生数は5万人ほどとなることから日本最大の国立高等教育機関であるとしている。

これは私見となるが、読者の皆さんには「専攻科も有している

高専は実質的に日本最大の工学系大学」と見ていただければイメージが湧くかも知れない。

　高専機構は全国の国立高専の教育研究水準の維持向上や教員の質の保証、異動などに欠かせない存在であり、近年はグローバル化にともなう他国への「KOSENシステム」の輸出や留学生の募集と各高専への割り当てなど国際化においても欠かせない組織である。

02 国立高専の教育の高位平準化の進め

　高専機構は前述したモデルコアカリキュラムの導入でベースとなる高専教育の質の保証をするほか、専攻科修了者へのNIAD-QEによる「学士」学位取得の推進をしている。
　また各高専はJABEE（日本技術者教育認定機構、通称ジャビー）が実施する日本技術者教育認定制度による審査を受け、技術者教育プログラムの認定を受けることが望ましいとなっている。

　JABEEは技術者教育認定機関の世界的枠組みであるワシントン協定等に加盟しており、認定により国際的な基準を満たした技術者教育として保証され、認定プログラムを修了した学生の活躍の場を世界に広げることと、その高専の国際化を促進する。

　更にJABEE認定プログラムを修了した学生は国家資格である技術士の第一次試験が免除されることとなっている。

このため高専機構はJABEEの審査に関する情報提供や必要な支援を担っている。

03 高専の役割としての教育研究の高度化

　政府は近未来に訪れる第5次社会形態、これはサイバー空間（仮想空間）とフィジカル空間（現実空間）を高度に融合させた社会システムにより経済発展と社会的課題の解決を両立する未来社会のことで、Society5.0（ソサエティー5.0）と言っている。

　この社会形態実現のために高専教育は「未来技術をリードする高専発！　Society5.0型未来技術人財 (注3-1) 育成事業」としてGEAR5.0（ギアー5.0）と称する未来技術の社会実装教育の高度化とCOMPASS5.0（コンパス5.0）と称する次世代基盤技術教育のカリキュラム化を推進し、高度化する社会の仕組み作りに貢献するとともに高専教育の質保証にも繋げようとしている。

　GEAR5.0の概要としては、従来全国に展開する高専はその地域における課題解決に強みを持っており、これを更に企業、自治体、大学等との連携を加速して全国的な「面」としてスケールメリットを生かした「地域密着型・課題解決型・社会実装型」の人財育成モデルを作り、より実践的な教育プログラムによりSociety5.0を支える人材を世に送り出すことに貢献する。

　この本で筆者が主題として「社会実装教育」について解説する

訳だが、これもこのGEAR5.0のひとつの教育体系と言える。

　COMPASS5.0の概要においては、現在始まっているデジタルトランスフォーメーション（DX）時代の基盤技術としてAI、ロボット、IoTなどの先端技術開発とそれらの組み合わせ技術を求められ、かつ日進月歩で進化し続けるこれらを駆使する人材の育成が求められる。

　そこで高専は特定する5分野を高度化する羅針盤(COMPASS)と位置づけ高専教育に組込み人材育成を目指そうとしている。

　このGEAR5.0とCOMPASS5.0の研究と人材育成は共に有機的に繋がり相乗効果を出そうとする企図がある。
　このGEARとCOMPASSの内容はこの本の執筆意図に関係性が深いので、次の4．と5．で詳述したい。

 ## 地域のニーズ等との共同開発、共同教育事業　GEAR5.0

【従来からの地道な活動をGEAR5.0へ昇華させる】
　高専はかなり以前より地域活動を通じて小中学校や一般市民並びに地域の企業と繋がりを持ってきた。

　第一番目が「出前授業」と「公開講座」である。
　出前授業とは地域の小学校や中学校に高専の学生が出向き子ども達に授業をすることで、たいがいは科学実験である。公開講座

も同様の内容であるが開催場所がその高専である。

　公開講座は高専学舎でやるので講義や科学実験も本格的になる。

　公開講座は小中学生の時もあれば一般市民の時もある。

　このような出前授業と公開講座は年間数回行われてきた。

（コロナ禍では中止となってきたが……）

　こうした出前授業や公開講座は小中学生に夢を与えたり高専の魅力を伝えてきた一方で、それに携わった高専生に社会との繋がりや小中学生の思考、行動など様々な点で気づきを与えてきた。

　第二番目に大きな役割を果たしてきたのが「地域共同テクノセンター」の活動である。

　この呼び名は全国高専において統一はされておらず別の名称の所もあるが国立高専の全て、公私立高専も多くがこの機能を持ち合わせている。

　地域共同テクノセンターの活動内容はその地域における技術相談、受託研究、共同研究などである。

　高専の設立要件において、元々「高専の位置する地域の産業界が抱える科学的工学的課題を解決するための高等教育機関となるべき」と言うものがある。

　通常は産学の共同研究などというとどこかの大学工学部の研究室との共同研究というイメージが一般的だが、高専にもそれがあるのだ。

しかも全国に展開し、地域に強みを持つ高等教育機関である。

そうしたことから地域の企業の悩める科学的工学的課題解決に向き合ってきた歴史がある。

地域共同テクノセンターは2000年前後に全国高専に次々と設立されてきたので既に20年以上経つことになる。

高専は最先端の技術を持っている。これは次の二つを持っていることを意味する。
▶知識の重層的な引き出し＝指導する教員（教授など）の過去からの技術知識の積み上げと豊富な経験、研究する学生の知識と行動力
▶学内の最先端の実験装置と分析装置

したがって、その地にある産業界を中心として様々な企業が自社では解決できない科学的課題の解消のために先ずは「①技術相談」から入ることになる。
そして高専側のみがその課題の研究を受ける「②受託研究」とその企業と一緒に手足頭を動かす「③共同研究」をして課題解決活動をしている。

特筆すべきはこの課題解決の研究は全国高専においてその地域性も反映した中での研究の積み上げがあり、ノウハウがありその研究と成果はその高専の強みとなっていることである。
例えば、筆者の母校佐世保高専では従来から海洋技術やエネル

ギー分野の研究を得意としている。

　このように全国の高専は従来から小中学生と市民への科学教育の一端を担ったり、地域の企業と課題解決に向けた共同研究を行ったりしてきた長い歴史があった。

　そして今、これまでの各地域での揺るぎない実績を未来志向で拡大・定着・可視化するためにGEAR5.0という体系を作り出した。

　このGEAR5.0はこれまで各高専が地域で教育や研究を行ってきたことをベースとして更なる高みを目指すために他高専、広範囲な企業・自治体・大学との連携による全国的な「面」を作り出して相乗効果を引き出そうとするものである。

　この高専のGEAR5.0事業は現在①防災・減災・防疫、②介護・医工、③農林水産、④エネルギー・環境、⑤マテリアルの5分野において6つの高専拠点校が担当して進められている。

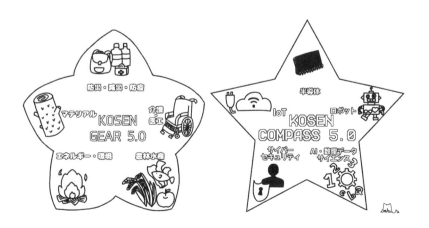

図3-1に概要図を示す。

05 拠点別で強みを生かす先端技術教育 COMPASS5.0

【各高専の得意分野の技術を更に高度化して尖らせる】

　ご承知のようにこれからはデジタルトランスフォーメーション（DX）時代と言われている。

　これはあらゆるものがインターネットで繋がり（IoT）、人工知能（AI）やロボットが開発され生活の様々な場面で使われていくことである。

　作り出すところは全ての産業とIT技術を駆使する企業や個人技術者である。

　これらのことを実現するためには高専に限らず世界中の先端IT技術に関わる企業・団体・個人が関わるが、日本の大学や高専も多くの役割を担うことになる。

　全国の高専ではIT技術分野に長けたところがあり特に以下の5分野の技術を羅針盤（COMPASS）として高専教育に組み込むことで高専の人材育成機能の高度化を図ろうとしている。
　①AI・数理データサイエンス
　②IoT
　③ロボット
　④サイバーセキュリティー

⑤半導体

このCOMPASS5.0を担う全国高専は5分野のそれぞれに二つの高専が拠点校となり、2校が協力し合って研究開発を続ける過程で高専としての先端技術教育の①達成目標の指標化、②教材の開発、③教育の実践と評価、④他高専への展開をすることになる。

06 全国高専のGEAR5.0と COMPASS5.0の連携

実はGEAR5.0とCOMPASS5.0を分けて説明したが全く別物ではなくSociety5.0を実現するために相互に作用し合うことになる。

概念的にはGEAR5.0が地域の高専の強みを生かしてそれを全国の高専や大学・企業との連携という「面」で更に強めるイメージに対し、COMPASS5.0はそれぞれの高専のITテクノロジーにおいて「トップガン」的な技術や知識を更に高度化する教育＝「とんがったところは更に尖らせる」イメージで考えてもらうと理解しやすいかも知れない。

高専機構ではこのGEARとCOMPASSの概要(注3-2)を次の図3-1ように現している。

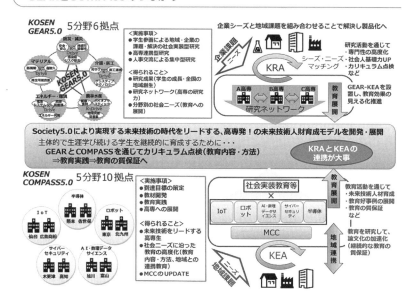

図3-1
注釈1　KRAとは
KOSEN Research Administratorの略であり、産学連携の強化、シーズとニーズの
マッチング、外部資金の獲得、成果の全国展開・情報発信、社会実装を推進する教員。
注釈2　KEAとは
KOSEN Education Administratorの略であり、拠点校と本部或いは拠点校間をつ
なぎ情報の共有及び拠点校の活動支援を行う教員。

07 高専教育の高度化はなぜ出来得たか？

　高専は60年の長い歴史の中でいくつかの変革があったが、専
攻科を設置したことは学内に大きな変化をもたらした一大イベン
トであったと言えよう。

　高専創設30年の1991年の学校教育法改正により、高専に専攻

科設置が可能となるのと同時に全国に設置が進み2006年までに全ての国立高専に専攻科が設置された。

　この意義を松江高専の元校長の荒木光彦氏は著書「技術者の姿」の中で次のように述べておられる「……高専生の進路選択の可能性を大幅に拡大し（中略）高専生の意識が急速に変わっていった。（中略）教員も教育担当能力の審査を大学評価・学位授与機構（これは旧名称で第2章で説明したNIAD-QEと同じ）から受けなければならない。（中略）そのため、教育さえやっておけばそれでよい、と考える教員が少なからず見られるようになっていた。この安穏な状態が専攻科の設置によって覆され、高専の教員も『学生に創造的なことを教えるためには、自らも創造的なことができるように研鑽しなければならない（研究もしなければならない)』と意識するようになった。」

　つまり、ここに高専教育の高度化の素地が出来てきたと考えられる。
　専攻科学生は学位をもらうためにはNIAD-QEの審査に合格しなければならない。学会発表を義務づけているところもあり本科5年の学生もその姿を常日頃触れることで刺激を受け全体としての教育レベルの向上に繋がったと言えよう。

　また、最近では上記に加えてこの章の冒頭でも触れた日本技術者認定機構（JABEE）による認定活動も高度化に寄与している。
　JABEEは技術者教育認定機関の世界的枠組みであるワシントン協定等へ加盟している関係で、国際的な基準を満たした技術者

教育が保証されると認定される。

　したがって、これはまず各高専の教育プログラムが認定される必要があり、2023年3月現在21校の30プログラムが認定されている。

　こうした高専教育の高位平準化の上に更に高度化を促す仕組みが追加され今や高専は大学工学部に勝るとも劣らない工学研究と人材育成がされる存在である。

現在日本の先端技術を支える教育研究分野を紹介しておこう。
ここはCOMPASS5.0の分野となる。
①AI・数理データサイエンス分野
　Society5.0時代はデジタル技術をいかに人間のあらゆる活動に生かし活用するかである。そのために工学的な技術のベースはデジタル化されていくがこの時に必要になるのがAI・数理データサイエンスという基礎知識である。
　AI・数理データサイエンスという教育概念はまだ始まったばかりであるが最先端の考えと教育分野で有り、文科省の認定制度を2023年度中に全高専が認定されるように推進している（旭川高専、富山高専が先導し、全国高専を支援する）。
②IoT分野
　あらゆるものをインターネットで繋げていくというイメージの分野で、仙台高専や広島商船高専を拠点校としてIoT技術で地域課題を解決する過程の教育パッケージを開発し社会実装教育を促進しようとしている。
　現在、農業分野での害獣対策としての農地見回りロボットや

旅館業における湯温監視システムなどの提案と開発の実績が
ある。

③ロボット分野

産業界で必要とされる「ロボットを利活用できる人財」に求
められるスキルとは何か？　これをスキル調査して効率的に
習得できる教育パッケージの開発を目指し東京高専と北九州
高専を拠点校として進めている。

この分野は実際の「ロボット業界と高専の協働教育」という
位置づけでの連携活動により高度な教育を行っている。

④サイバーセキュリティー分野

サイバーセキュリティー分野は15才からの早期教育により
「飛び抜けた人材」発掘を目指すとともに全ての高専生が基
本的なサイバーセキュリティー知識と技術を身につけること
を目標にしている。

そのために拠点校として木更津高専と高知高専の先導の元に
全高専に教育できる仕組み開発を目指しコンテストやセキュ
リティースクール、地元警察との連携での課題達成の取り組
みなどをしている。

⑤半導体人材育成分野

ＤＸ技術を牽引するという意味ではハードウエアである半導
体を開発・製造する人材は花形である。そしてこの半導体対
応人材は圧倒的に今後不足すると言われている。

とにかく猫も杓子も半導体生産技術者／開発技術者がほしい
世の中になってきた。

高専機構の広報誌（2023年度）では次のように案内している。

「令和4年度（2022年度）からCOMPASS5.0の新たな分野として、熊本高専と佐世保高専を拠点校とし、九州・沖縄地区における国立高専9校を中心に、産学官と連携した半導体人材育成事業を開始しました。

　令和4年度（2022年度）は文部科学省、経済産業省、産業界等と育成する半導体人材像及び到達目標に関する検討を行い、九州・沖縄地区だけでなく全国の行政や産業界と連携し、半導体人材の育成を進めました。

　また、佐世保高専では、令和4年度から佐世保高専と熊本高専の学生を対象に一般社団法人九州半導体・デジタルイノベーション協議会（SIIQ）をはじめとした関連機関による半導体に関する出前授業を実施し、令和5年度（2023年度）から全国の国立高専へ展開しています。」

　高専の教育制度は60年もの長い歴史を持ち戦後最も成功した教育制度であるとも言われている。

　それはこのようにしっかりしてブレない基軸を持ちつつも内外からの刺激を受け、特に前述したように専攻科設置を一つの起爆剤として内部的な革新を起こし進化し続けてきているからである。

　近年は更に先端技術の専門分野が細分化され且つ高度化されるに連れ高専教育も各専門分野で深化をし、各高専はそれぞれ「これぞ我が最新技術だ」と自負するものを必ずいくつかを持っている状況である。

そのような魅力をぜひ各高専のホームページで検索してほしい。

これから、高専教育を受けようとする（理系の）小中学生にはとても魅力あふれる教育制度であると断言できる。

そこに来て、また高専教育の別の側面から「社会実装教育」というものが芽吹きはじめた。
これは一言で言うと「技術を身につけた者をトータルとして"社会人力"または"人間力"を身につけさせる」教育である。

それでは、次の章ではいよいよその「社会実装教育」に触れていこう。

注記

（注3-1）人財について
高専機構や機構の関係者は人財と表現されることがある。
通常使用する人材と同じであるが、人財とする場合は「その人が大切な財産である」という意図が含まれている。
本書で筆者が使うときは人材で表現するが、機構の引用する文章などでは人財と記述することもある。

（注3-2）高専機構のGEAR5.0とCOMPASS5.0
https://www.kosen-k.go.jp/about/profile/gear5.0-compass5.0.html

第4章

高専生の「社会実装教育」とは

01 アカデミアで熟成された「社会実装」

　社会実装教育を説明するには「社会実装」を説明しなければならず、この「社会実装」を説明するには「社会技術」を説明しなければならない。

　社会技術という言葉は産業技術と概念の対語のようにして生まれたと言われている。

　定義としては「社会技術とは社会問題を解決し社会を円滑に運営するための技術である。ここで技術とは工学的技術だけではなく、法・経済制度、社会規範など、すべての社会システムを含んだものである」とされた。

　これは堀井秀之氏（東京大学大学院教授）による定義[注4-1]であるが、2000年代初期の頃のようだ。

　1999年にブダペストで開催された世界科学会議において、「社会のための科学」という概念と共に日本学術会議会長であった吉川弘之氏（東京大学名誉教授）主導の下に、日本の学術界（アカ

デミア）で盛んに議論されるようになったようだ。

　この2000年代初期に社会技術というもののアカデミアでの研究が盛んにされた経過がインターネット上でうかがえる。
　そのひとつが堀井秀之氏が代表された「社会技術研究会」（注4-2）である。

　一方、科学技術振興事業団（現、国立研究開発法人科学技術振興機構　略称JST）等において2001年に社会技術研究システムが発足し、こちらに置いても盛んに社会技術が研究された。

　社会技術研究システムは2005年にJST内の社会技術研究開発センター（略称RISTEX）に改組され今日に至っている。

　これらの研究会などで社会技術が研究され、その過程で「社会技術の研究成果が社会にとって本当に有益かどうかを実証した結果が示されていなければ評価はできない」「この実証する過程を『社会実装』と表現」された。
　これは生駒俊明氏（東大名誉教授　元・JST研究開発戦略センター長）の定義（注4-3）となっている。

　こうしてみると産業技術の対語としての概念と述べたが、社会技術は産業技術をも包含する概念ではないかと筆者は思う。

　そして、この社会技術を研究開発し実際の場面に実装していくことに関しての報告がRISTEXにおいて現在も続けられている。

言わば、RISTEXは日本における社会的課題についての解決を先駆ける社会実装の本家と言っても過言ではないと言える。
（振り返り、注1-1）

　茅明子氏らの研究論文^(注4-4)によれば、「社会実装」はRISTEXの「社会技術」の概念の議論から生まれた言葉であるとされ、意味として旧来は「社会実装は研究開発で得られた成果を実際に事業化し普及・定着させる場面を指す」としたが、この論文では改めて「問題解決のために必要な機能を具現化するため、人文学・社会科学・自然科学の知見を含む構成要素を、空間的・機能的・時間的に最適配置・接続することによりシステムを実体化する操作」と定義として試みた。

　いかにもアカデミアらしい表現である。

02 東京高専で生まれた「社会実装教育」

　アカデミア界では盛んに「社会実装」が議論研究された中で同じく概念を共有された東大教授の佐藤知正氏により2010年前後に東京高専にもたらされた。

　当時、高専の予算不足は深刻で「なんとか補助金を獲得しなくては」という危機感のもと先生方は奔走され、東京高専ではその過程でRISTEXとも接点があったようで、RISTEX側の補助金支給も検討されたようだが、RISTEXの活動において社会実装への

補助金の支給はあくまで直接的な「技術そのものの社会実装」の場面についてであり、教育という場面での補助金支給は難しいものであった。

　しかし、元東京高専教授の浅野敬一氏（現大阪経済大学教授）は「（社会実装の場面について）常に知的ストックや研究活動と連携した試行錯誤、つまりテストとフィードバックを繰り返す必要があるとする。とく、実際に社会に導入することで得られるフィードバックは、新たな市場やコンセプトを導く等、重要な意味をもつ。このように、イノベーション・プロセスは、不確実なステップと『意味ある失敗』の連続であり、フィードバックと称されるものの実態は、失敗から得る知の蓄積といえる。『イノベーションは、本質的に、予測不能で経験的なもの』と認識することは、教育面でも重要と考えられる。」と、本来難しい教育の場面での取り入れを検討され、文科省への予算申請と同時に全国高専に「社会実装教育」を呼びかけられた。(注4-5)

　そして応じた各高専と進められることになった。

　これは文科省の大学間連携共同教育推進事業「KOSEN発"イノベーティブ・ジャパン"プロジェクト」として発足して活動を開始した。

　現在も東京高専は「社会実装教育」の中心的学校で有り、社会実装教育の全国的発表の場である「社会実装教育フォーラム」を主催しており2011年度を初回として、11回目を2023年3月に実施し今後も継続される。

「社会実装」、「社会実装教育」の
言葉の歴史と浸透度

　この本の冒頭の「はじめに」で、社会実装とは平たく言えば
「自分たちの技術を世の中（社会）に実装する」ということであ
り、まさしく言葉のままである……と紹介した。

　筆者も今でこそ社会実装という言葉を日常で使うようになった
ので、引っかからずに言えるし、言葉の意味も分かっているつも
りだ。
　しかし、一般の人はどうであろうか？
　先ず、「なに？」と読み方さえ疑問だったり、言葉に出すと聴
いたこともない語感だったり、意味に至ってはさっぱり見当も付
かない状態であろう。

　この聞き慣れない「社会実装」は社会的課題を解決するアカデ
ミア界で2000年代から盛んに使われはじめた。
　政府が公式に使い始めたのは2016年に閣議決定された第5次
科学技術基本方針からである。

「社会実装教育」は前述するよう東京高専で2010年頃からであ
り、文科省では2018年「大学教育再生戦略 Society 5.0 に対応
した高度技術人材育成事業」において使われはじめた。

　このように「社会実装」は2000年代初期に新しい概念の言葉
として生まれ、当初はアカデミアで浸透して行き、2010年過ぎ

にさらに教育領域においても新しい分野を確立していった。

　例えば内閣府や文科省では特に先端技術や未来技術を様々な場面で活用し定着させる方法論で「社会実装」と使うようであり、このような記事を公表するときに出てくる。

　また内閣府や文科省では新しい技術で事業を興す者に対し「スタートアップ（起業）」のための支援として大学や高専の共同研究拠点や教育環境の整備への資金提供を公募などの方法で実施をしているが、このスタートアップ（起業）では中身の展開はほぼ先端技術や未来技術の一般社会への社会実装である。

　したがって、政府が「スタートアップへの支援」と言及すれば、中身は社会実装をする者への支援だと解釈しても良く、スタートアップと言えば社会実装を内包していると考えてもよいぐらいだ。
　このように政府などは言葉として使い始めており、最近の国会答弁でもたまに耳にすることもある。

　しかしながら、一般市民までこの社会実装と言う言葉が知れ渡っているかと言えば全くと言ってよいほど知れ渡ってはいない。

　筆者は先日、母校佐世保高専の同窓会で自分の本出版の説明をする機会（2022年11月）を得たので、説明の前に会場の皆さんに「社会実装教育」を知っているかどうかを尋ねたが手を上げてくれた方は4％だった。
　この場面は高専教育に関心のある方々の集まりでもあるため、

ある面で知っている人もかなりいるだろうと思ったがそれでも4％である。

　おそらく一般市民の中での認知度は1％にも満たないだろうと考えている。

　2023年2月頃有名になってきつつあったChatGPTに「日本で社会実装教育をしている学校はどこか？」と聞いてみた。ChatGPTは筆者が漢字を入力し間違ったと解釈したようで「社会実<u>践</u>教育」と解釈して、その教育をしている学校をずらずらと列記した。

　筆者がその間違いを指摘するとChatGPTは謝った上で「自分のデータベースにはない」と答えた。

　残念ながら、おそらく「社会実装」という言葉の日本の中での浸透度はChatGPTの答えと同じぐらいの程度であろうと考える。

　ちなみに「①社会実装」、「②社会実装教育」、後述する「③アントレプレナーシップ教育」をウィキペディアで検索したが、2023年7月現在で①、②はなかったが③については記述があった。

　これは「社会実装」とその教育は認知がないが、アントレプレナーシップ教育については認知があるという貴重な情報である。

04 「社会実装」の定義、「社会実装教育」の定義

「社会実装」は前述したようにその老舗であるRISTEXの研究者ににによって「問題解決のために必要な機能を具現化するため、人文学・社会科学・自然科学の知見を含む構成要素を、空間的・機能的・時間的に最適配置・接続することによりシステムを実体化する操作」と定義を試みられている。

　もう少し一般人の会話のような定義はできないものだろうか。
　そこで改めて、「社会実装」を筆者なりに定義して見よう。

「社会実装とは、社会の諸々の問題や課題を解決するため、人の知識と技術を敷設（実装）し、その後も継続的に改善などの処置で効果の維持改善ができる仕組み」である。

　まだ、ちょっと堅く一般的な理解が得られがたいが、取りあえずこれで進めようと思う。

　まだまだマイナーな社会実装という言葉であるが逆に言うとこれからであり、やりがいのあることとも思える。

　社会実装は言ってみれば人類がその知恵で道具と仕組みを使いながら社会に科学や文化などを築いてきたそのものの行動であるので、今に始まったことではなく、人類の歴史と共に体現してきたものである。

しかし一方で、敢えて「社会実装」という言葉になってきているのはこれまで決して効率的とは言えない技術の社会への移植（実装）を"より効果的に、より効率的に実現する方法の模索と体系化"であると言える。

　そしてこの社会実装を教育の場で教授しようするのが「社会実装教育」であり、高専はその最右翼にある学校種である。

　高専の教育場面において、社会実装の能力を身につけると言うことだが、筆者は次の四つが最終目標の能力と考え、自分なりに定義した。

①**高専教育の本分である自分の専門学問の精通と向上心・研究心**
②**社会的課題を見つけ、自分たちの技術に結びつける発想と企画力**
③**自分たちのテクノロジーをユーザーの立場で使用し、現場で使えるシステムに作り上げる行動と他者理解力**
④**INPUT（金と人）とOUTPUT（課題解決としての効果と利益）という事業性を展開できる能力**

　自分なりに定義したと書いたのは、つまり「まだ定義したものがない」からである。
　上記の①は高専学生としての本分であり自分の専門性である。
　そして②～④はアントレプレナーシップ＝起業家精神である。

このようにして先進的な科学技術を社会実装する能力はこの本のカバー表紙にある自分の専門性の技術とアントレプレナーシップとなる。

　高専でアントレプレナーシップを指導されている数名の教授の方々とWeb会議で筆者の定義した能力を話してみたが異論は出なかったので、ほぼこのような能力を身につけることと思っていただいてよい。

　つまり、図4-1のような構造である

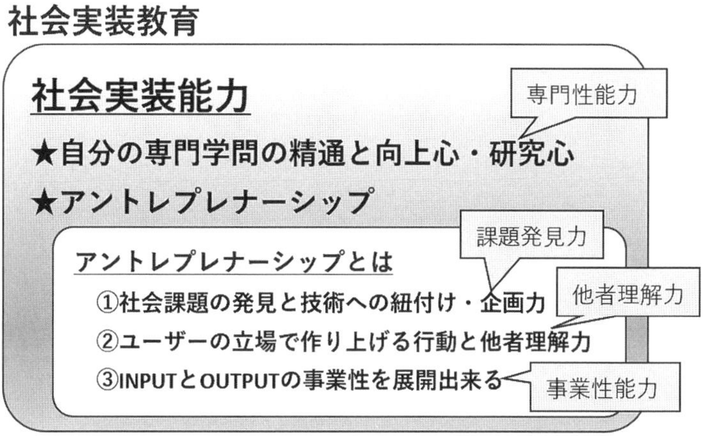

社会実装教育

社会実装能力
★自分の専門学問の精通と向上心・研究心
★アントレプレナーシップ

専門性能力

課題発見力

他者理解力

事業性能力

アントレプレナーシップとは
①社会課題の発見と技術への紐付け・企画力
②ユーザーの立場で作り上げる行動と他者理解力
③INPUTとOUTPUTの事業性を展開出来る

図4-1

これらの能力を今後は次の4つの短い言葉で表わしたい。
①専門性能力
②課題発見力
③他者理解力

④事業性能力

　一方、先ほど登場した元東京高専教授の浅野敬一氏（現大阪経済大学教授）は「注4-5」で紹介する論文で、社会実装教育について必要な能力、教育上の重点的な考え方、教育の４つのステップによる基本フローなどを示され、この「教育プログラム全体を社会実装教育と呼ぶことにした」と言及されている。

　従って、社会実装教育について更に深く知るためにはこの「注4-5」の論文を読むことをお勧めする。
　社会実装教育の本質的な部分の理解が更に高まることが期待できる。

　また、このアントレプレナーシップの３つの能力は米ハーバード大学の経営学者、ロバート・L・カッツ氏がマネジメント層の能力の分類として提唱した下記の３つの能力と符合するのではないかと筆者は考えている。

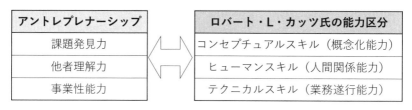

図4-2

　筆者としては今後、この社会実装教育の各能力（特にアントレプレナーシップ）とカッツ氏理論や近年の人の能力理論について研究し、今後の分類の整合性を図ったり、各能力の更なる解析と

定義づけや体得法を明らかにしたいと考えている。

　さて、まだはっきりした定義がない社会実装の教育であるが、神山まるごと高専では「アントレプレナーシップ論」として科目が決まっている。

　現在入学した1年生にはまだその科目は引当てされていないので筆者にも不明だが高学年になるとこのアントレプレナーシップ論が教授されることになるので、実際どんな定義の能力でどんな教科書で教えられるのかとても待ち遠しい限りだ。

　そして、全国の高専のいくつかでは授業として、この社会実装教育を教えているところもある。
　但し、社会実装教育やアントレプレナーシップ教育として標準化されたものがあるとは聞いていないので、おそらく各高専の独自のものか指導教員のオリジナルのものであろう。
　筆者の定義とどの程度整合できるか不安と同時に楽しみでもある。

　さて、いくつかの高専では授業として教えているところもあると申し上げたがそれを実際にどう体得しているかはまた別の問題である。

　と言うのは先ほど示したアントレプレナーシップの②課題発見力、③他者理解力、④事業性能力は授業で教わったとしても身につく能力ではないからだ。

これらは理論を分かったとしても体験・経験を通して体得していくような能力であり、実際の実践活動をしないと習熟はできない。

　この実践の場の主体は「課外活動での習熟」であり、結果として授業をしている・していないに係わらず、全国の高専でなされている姿となる。

　こうしたことから全国の高専は「社会実装の能力を身につける場の提供や環境がある」と言った方が正しいだろう。

　上記①の自分の専門性は高専授業や実験・実習で身につけ練磨するとして、アントレプレナーシップである②〜④はどのように身につけるのか？
　これが「場の提供や環境がある」という表現になる。

　それではこのアントレプレナーシップを育む高専の教育環境を次の章で紐解こう。

注記

（注4-1）堀井秀之氏による定義
JST-RISTEX〔研究開発成果実装支援プログラム〕編、社会実装の手引き、工作舎、2019、4P

（注4-2）社会技術研究会
http://shakai-gijutsu.org/

（注4-3）生駒俊明氏による定義
JST-RISTEX〔研究開発成果実装支援プログラム〕編、社会実装の手引き、工作舎、2019、8P

（注4-4）社会実装についての研究論文
茅明子氏、奥和田久美氏　社会技術研究論文集　Vol.12,12-22,April 2015
研究成果の類型化による「社会実装」の道筋の検討、14P
https://www.jstage.jst.go.jp/article/sociotechnica/12/0/12_12/_pdf/-char/ja

（注4-5）社会実装の教育としての意義
浅野敬一氏　「社会実装教育」の背景を考える～イノベーションを目指す工学教育～
『工学教育』65巻4号、2017年、10-15頁
https://www.jstage.jst.go.jp/article/jsee/65/4/65_4_10/_pdf/-char/ja

第5章
アントレプレナーシップを
育成する仕組み

第4章で社会実装教育において身につけるべき能力を①専門性
能力②課題発見力③他者理解力④事業性能力と筆者なりに定義し
たが、このうち①専門性能力は高専の教育そのものなので説明は
省略する。

残りの3つの能力について、その内容と高専教育の場でどのよ
うに身につけるかをここでご説明しよう。

②課題発見力
―社会的課題を発見し、技術に紐付け、
企画する力―

この能力はアントレプレナーシップの3つの能力の中でも比較
的ハードルが高い能力である。

元々持っている人間性という側面もあるため習熟が難しいかも
知れない。

先ず「社会的課題を発見する」ことは普段の生活の中でいつも
「なぜ？」を心に秘めておく必要がある。

大人になってくると日常の出来事に「なぜ？」の疑問を持たな

くなってくるが、ある面で「3才、4才の時の気持ちを常に持っておくように」と要求しているようでかなり難しい。

　とにかく自然科学や社会現象に「敏感な感受性を持て」と言うことだ。

　現在、この社会的課題の発見の場は、多くの高専で「地域共同テクノセンター」において実際的な展開がされていると理解するとよい。

　もちろん日常生活の中で、ある社会的課題を提起し解決する技術の紐付けもできないことはないだろうが、地域共同テクノセンターでの活動はより現実的・より具体的な提起（発見）と解決方法の紐付けができると考える。

　第3章でも記述したように地域共同テクノセンターではその地場の企業から様々な課題が提起され検討が行われている。つまり専門家の教授なども参画するが学生も参画して課題の認識と自分たちが持つ技術のマッチングや解決の可能性検討がなされるわけである。

　ここの場は学生たちのゼロスタートの感受性というわけではないが、刺激を受けて自分たちの感受性も磨くことになる。

　今現在こうした「課題発見のチャンス」は学生の一個人としてのセンスでは難しいものの①地域共同テクノセンターでの課題提起、②長年研究活動をされている教授陣の課題発見が多いと聞いており、学生の側はこれらの情報を通じて「課題発見とはこういうことか」と体得している状態である。

具体的な事例を示そう。

まず一つ目。

これはとある高専の事例である。

通常地域共同テクノセンターでは地場の企業を会員企業として
ネットワークを持っており、常々企業が抱える科学的工学的な問
題が寄せられる。

これを「技術相談」としてリストアップする。

このリストは言わば社会的課題のテーマ群だ。

言ってみれば、こちらが気づく前に向こうからやってきたものだ。

この課題リストを学生と指導教員に一覧表でドンと示す。

そして解決方法を考える者は指導教員と共に直接その企業にア
プローチして技術相談や共同研究などに道を開くという方式。

これは社会的課題の発見以降のところだが技術の紐付けという
部分からのアプローチであり、取り組む学生にとっては「社会的
課題とは何か?」を直接知るきっかけであり、自分の課題発見力
に大いに役立つ。

もう一つ事例がある。

これは地域共同テクノセンターの会員企業から技術者に高専に
来ていただき講義をしていただく中で発見に寄与するやり方だ。

全国高専では第一線で活躍する企業の専門家をお呼びし、最先
端の工学技術などの講義を開催している。

これは学生にも大変好感を持って迎えられ、専門性の高い講義
に学生の習熟レベルも上がると聞いている。

ある地域共同テクノセンター長はこれに次の仕掛けを入れると計画している。

　曰く「技術の講義と同時に、その技術が抱える課題も正直ベースで提示してもらう。つまり、現状の技術の限界や会社としての課題も包み隠さず明らかにしていただく。それにより悩み事を共有し、学生に解決の糸口はないだろうかと問いかける方法です」

　なるほどと筆者もうなずいた。これも自ら発見する課題ではないが、少なくとも自分たちの専門性の知識や技術でなんとか解決できないかという紐付けの領域に入るし、事例1でも述べたように自分の課題発見力の能力向上にも資すると考えられる。

　社会的課題を自ら発見し、解決のための技術への紐付けは簡単なようで現実はかなり難しい。

　したがって、現実的なアプローチとしてはこの地域共同テクノセンターで受ける課題テーマを考えることによる研究開発を推進し、そして実装と言うことが多い訳である。

02 ③他者理解力 —ユーザーの立場で考えシステムを作り上げる 行動力と他者理解力—

　次にこの「ユーザーの立場での……他者理解力」という能力をどう培うかを考えてみよう。

　この能力は他者との関係で身についてくる能力である。

ご承知のように、世の中の新しい仕組み、新しい機械や装置は実際に使う人間が、使い方において不便だったり、使いにくいものだったりすることが往々にしてある。

　これらのものは必要性の点と使い勝手の点で、自然淘汰されてなくなるか、次のステップで改善されて再び市場に現れるかである。
　はじめから使う人の立場に立って作られ市場ニーズにマッチしたものもあり、この場合はユーザーを獲得する。つまり「売れる」。

　社会的課題を解決するような装置や仕組みはたいがい「新しい」装置だったり、「新しい」仕組みだったりする。
　この場合はこれらの装置や仕組みを現場で使う人がいる。つまりユーザーだ。

　社会的課題を解決するような装置・仕組みは先ずはユーザーの心の壁に阻まれることを覚悟しなければならない。

『使い物になるの？』『今まで苦労してきているものを簡単に改善できるわけがない』と言うわけだ。
　したがって、スーパーマーケットで売るような商品とは違い、最初から一品料理としての信頼性を確保する必要がある。
　これらの条件をクリアするためには新しい装置・機械、仕組みの社会的課題に対する期待効果もさることながら、使い勝手が良く故障しにくい、メンテナンスもやり易いものでないとユーザーは困るものだ。

このためには開発者が自分たちの技術と期待効果を最大限まで持っていくことよりも、技術もローテクにし開発者が想定する期待効果も6割～8割で良しとする判断も必要になる。

　そして重視すべきはユーザー側が期待している効果は確実に満足させると同時にユーザーの使い勝手を最優先にすることだ。

　そのためには装置・機械、仕組みの開発において常にユーザーと話し合い、ユーザーの使い方を見て動作などを把握し開発に反映していく必要がある。

　こうしてユーザーの立場、使い方を反映した装置・機械、仕組みだけがユーザーから使ってもらえるものとなる。

　学生の能力育成の話に戻るが、「ユーザーの立場に立って作られるもの」をどのように学生の行動能力として育成するのかと言うことだが、これは「高専教育のあらゆる場面において」とも言うべき内容だろう。

　学生寮での集団生活、クラブ活動、学生会活動、高専祭（文化祭）、チームで行う実験・実習や卒論もそうだ。

　一つの例として「出前授業」を例示したい。

　高専は国立はもちろん公私立含め多くのところで「出前授業」をやっている。

　これは小中学校に出かけていき、その小中学校で科学実験を披露してみて小中学生に科学の面白さを見せてあげ、関心を持ってもらう授業だ。

　この取り組みは高専の学生が主体的に動く。2～5人でチーム

を組み科学実験のテーマ選び、道具の準備、相手の小中学校までの旅行方法など全てを自分たちで計画する。

　そして、当日の実験を安全に配慮しながら、いかに小中学生が関心をもって見てくれるか、実験を手伝わせる場合にはどこがポイントでそのポイントで小中学生にどう感動を与えられるかなどをあらかじめシミュレーションし、実際の小中学校で行う。

　行った結果、小中学生がどう反応したか、どこで間違ったか、なんの時に感動したか、自分達の教え方や導き方の何が間違ったのかを体得する。

　つまり、小中学生への出前授業であるが、高専学生にとってはユーザーニーズを把握して開発に繋げる能力を培う場となる。

　社会的課題の解決をする新しい装置・機械、仕組みの導入にはユーザーの使い方を抜きにしては語れない。

　このユーザーの立場の理解はチームワークへのリスペクトや集団生活の中で相手を重んじたり、後輩を指導したり、相手の話を聞き共感する態度を培うことによって育成される。

④事業性能力
―INPUTとOUTPUTという事業性を
展開できる能力―

　最終的に出てくるのは「事業性」だ。

　これは元々科学実験や工学的な講義中心の教育カリキュラムには入りにくい能力育成のテーマとなる。

　この本の読者にしても大学工学部であれ、文学部であれ、農業高校・商業高校出身者であれ、一旦世の中に出ると特に民間企業では「コスト」が常につきまとうことは身についているはずだ、官公庁にしてもコストを問われることは常日頃のことだ。

　つまり世の中で何かことを起こそうとすれば「コスト」という言葉に象徴される「事業性の成立の可否」を問われる。

　事業性は「コスト」に象徴されるとしたが、コストだけではない。

　投資額、人の手配と配置、開発計画、資金繰り、効果予測、販売計画、利益計画と利益の再配分計画、給料、労務管理、税制対応、コンプライアンス（法令遵守）などのガバナンス（企業統治）設定と運用、などなど社会的課題を解決する社会実装教育の中でもこの「事業性」という能力の習得は、専門技術の習得を目指す高専教育の中では難しいと言える。

　現在の高専のカリキュラムでもそれは言える。

　（一部、外部講師などを得て、経営学を教えているところもあ

る）

　しかし現在、社会実装教育に力を入れはじめた高専はこれらを
身につける環境を整えようとしている。

　一つは高専の課外活動としての事業性能力獲得の場の高専学校
側の提供。

　もう一つは各種コンテストの存在だ。

　一つ目の「課外活動としての事業性能力獲得の場の高専学校側
の提供」について説明しよう。

　この事業性をあらかじめ教える授業はない。

　事業性という言葉を使うのはずっと後だ。

　だいたい「この課題を解決するために、この解析方法を使い、
解決のための工学的手法はこれ」と課題と科学的解決法の議論に
集中するのが常であり、お金、コスト、利益などはずっと後の話
になる。

　学生達は地域共同テクノセンターなどに持ち込まれた課題をな
んとか自分たちの技術で解決できないか目の色を変えて取り組み
出す。

　同じ思いの学生が集まるとグループを作る。

　このグループは授業とは別の「課外活動」として活動をはじめ
ることになる。

　この活動を支援することが「高専学校側の場の提供」である。

　佐世保高専の事例だがこの活動を支える組織として「EDGE

キャリアセンター」^(注5-1)を設立している。

ここは教える場ではなく、「自主的な活動を支援する場」である。

この活動を支援する教員は外部の会社経営者であったりする。

つまり、「その課題を解決する解析手法はどこそこの先生に相談してごらん」から始まり、最後の方は「それ、作るのお金いくら掛かるの？」「その装置どこに売るの」「利益は？」「起業するの？　社長は誰？」と疑問点などをどんどんアドバイスし、学生自らが主体的に動き、自らが解決するように仕向けていく。

教えるのではなく、社会的課題を解決する方法（起業をも含む）において必要な展開をアドバイスしていくのだ。

敢えて失敗をさせて勉強させることもある。

このような「場」の提供を全国の高専において社会実装教育として採り入れはじめている。

事業性を1から10まで教えるのは簡単ではない。これを教えるだけでひとつの学校が出来、2年、3年と期間も必要となろう。

これはもう高専という学校が取り組めるものではない。

そこで先に述べた「場の提供」以外にもう一つの育成の場、しかも極めて短期間にできる方法が現れてきた。

これが、高専のひとつの特徴でもある各種コンテストだ。

この各種コンテストを詳しく紹介しよう。

04 ロボコンをはじめとした各種コンテストで能力向上を試みる取り組み

　高専生を対象とした様々なコンテストがある。

　ざっと上げただけでも、ロボコン、プロコン、デザコン、ビジネスコン、WiCON、DCON、GCONなど[注2-4]だ。

　特にロボコンは古い歴史があり、年末にNHKでも全国放映されるので有名である。

　ロボコンをはじめそれ以外のコンテストも高専生向けに多彩な開催（地方大会や全国大会などを含む）がされている。

　これらは筆者から言わせると社会実装教育の結果を競い合う他流試合である。つまり自分たちの活動の成果を同じルールに沿ってどの活動が優れていたかを他の高専のグループと競い合って練磨するのだ。

　ロボコンを例に取ってみよう。

　ロボコンは毎年4月にテーマと仕様が決まり、各高専のロボコンチームは具体的なメカニカル設計や制御構造を決定して動き出す。しかしその時点でゼロスタートではなく、彼らにはそれまで培った技術や先輩からのマネジメントの伝承の上に4月以前に準備作業をしている。

　そうした中で4月発表の仕様（大きさ、重量制限、費用の上限など）に合わせて直ぐに自前の技術で解決するべき課題を明らかにして取り組み始めるのだ。

例えば対戦型のロボットであれば、走行方式、玉の連打法など
を検討してメカニカルな部品づくり、市販の制御用電子基板の選
択でコントローラーの製作に取りかかるのだ。
　こうした活動の中で、地方大会までのスケジュール管理、チー
ムワークの醸成（各自の得意不得意分野からの協力関係づくり）、
資金管理、先輩からのアドバイスや後輩への指導などを経験する。

　これは先に述べた「社会的課題の発見」というところでは4月
発表のロボコンテーマに対する自分たちのイメージギャップをク
リアする技術的アイディアの創出であったり、従来から持ってい
る技術領域から大転換を果たす発想であったりする。

　また「ユーザーの立場で作り上げる行動力や他者理解力」はこ
の活動を通じて体験するチーム内の様々なトラブル回避や地方大
会・全国大会で繰り広げられる自分自身がユーザーとなって使い
勝手がよいかどうかを体験を通して学ぶことである。

「事業性」はここでは製作費と期限だ、ロボコン主催者側から製
作費用は○△円以内と決められているので、その範疇で作り上げ
なければならず、コンテスト期間を通して管理しなければならない。

　こうした活動により、学生は社会実装教育の諸能力をロボコン
の活動を通して身につけることになる。
　試合は地方大会が9月頃、全国大会が11月頃で半年ほどの期
間となるが、先にも言ったようにオフシーズン（10月〜3月）
は各自がロボコンの基礎技術の習熟や研究、他の者との比較検証

作業などを通じて技術を磨いている。

　次に紹介したいのは東京高専が主催する「社会実装教育フォーラム」である。

05　社会実装教育の全国組織と発表会（フォーラム）

　先にも述べたが、この全国組織を束ねるのは東京高専である。
　東京高専は2011年度にコンテストを試行、2012年度から「社会実装コンテスト」を開始し、2015年度から「社会実装教育フォーラム」を主催し拡大している。
　当初は全国7高専の連携で始まったが、年々拡大し最近時は20校以上で70チームほどの参加で活況を呈している。

　このコンテストはこれまで述べた「社会実装教育」の発表の場であるので、学生が様々な社会的課題を解決するために課題を把握し、プロトタイプ（試作モデル）を製作、社会に導入して実際にユーザーが使用し評価をいただいた後、改良し、社会に再導入するという一連の過程を実践する。すなわち、課題発掘から解決までの取り組み全体を評価されることになる。

　このコンテストは9月頃に全国の国公私立高専に要領を提示し、参加の募集をはじめ、10月に応募の締め切りとし、書類選考などの過程を経て翌年3月に最終審査が口頭発表を基本として2日間実施される。

コンテストの応募分野は建設・社会インフラ、食品・農業など9分野を現在設定中だ。

審査は高専教員だけでなく、学識経験者、企業経営者、企業の技術部門責任者、行政機関、海外の連携校教授などにより技術や事業性などを多角的な観点で評価をしている

評価は最優秀社会実装賞、優秀社会実装賞他、協賛企業の表彰もある。

最終審査日程の中では高専機構トップの理事長が講演されるなど全国高専として権威ある審査と評価がなされている。^(注5-2)

06 社会実装教育の最高峰「DCON」

次に紹介しておきたいのはDCONだ。

このコンテストはまだ歴史は浅い。しかし、筆者自身は「社会実装教育」コンテストとして最高水準であると考えている。

DCONは2019年にプレ大会という正式ではない準備的な大会を開催したが、このプレ大会も大変な人気と活況を呈し、早々に正式大会であるDCON2020開催が決定されるに至っている。

DCONのコンセプトは「ものづくり技術」×「ディープラーニング」×「事業性」の3つを競う。

主催は日本ディープラーニング協会（通称JDLA）である。

（DCON2024から主催が高専機構とJDLAの二つとなった）

コンセプトのひとつにディープラーニングが入っている理由は
この協会主催であるからだ。
　共催として日本経済新聞社が入り全国大会本選は日経新聞のラ
イブ映像を見ることができる。

　後援として高専機構の他、デジタル庁、文科省、経産省、産総
研、全国高専連合会、NHKまでも入り、最近は協力、資源提供
でたくさんの企業や自治体が申し出をして名簿に名を連ねている。

　2023年で大会の流れを見てみよう。

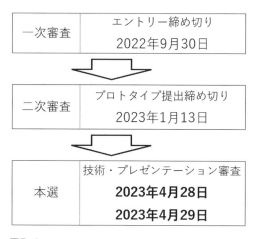

図5-1

　応募資格：（専攻科生含む）全国国公私立高専在学生
　応募作品：ディープラーニングとハードウエアを組み合わせた
作品で事業性に富むもの（一次審査時は書類選考でありハードが
なくてもOK）

最優秀賞は起業資金100万円、（2位50万円、3位30万円）を授与される。

　高専生がこのコンテストにチャレンジすると苦労をするのは技術への探究心ではなく、「客観的に見て自分たちは正しい方向に向かっているのか？」、「お金や利益計画は大丈夫か？」などマネジメントの問題だ。

　これらは純粋に専門性や工学的知識などとは違う専門外の領域だから致し方ない。
　そこで強力な助っ人が参加する。
　この方は「メンター」と呼ばれ、日本の名だたる企業のCEOや有名な実業家が入る。言わば日本の産業・起業を牽引するアドバイザーだ。

　実は二次審査の時の選考委員であった方が、二次審査を通過するとメンターと名称を変え、チームを指導・アドバイスする立場になる。
　本選までの活動期間にメンターにずっとアドバイスを受けることができる。メンターによっては現地入りして直接指導をしていただける。
　本選を見るとメンターも自分事のように熱くなっている姿を見ることができる。

　この活動は取り組んだ学生には大変貴重な経験（知識と体験）となる。

つまり、自分の専門技術の社会的な位置づけ評価にとどまらず、事業としての方向付けや投資回収・利益計画など現実社会で起きるすべてのことに対するアドバイスをもらいそれをクリアすべき活動を進め、それを本選で発表できるからである。

　こうして本選までたどり着くと更に厳しい試練が待っている。

　本選の審査員はこれまた名だたる企業のCEOであったり、投資家であったり、技術系評価の有名大学の教授であったりする。

　審査員の質問にどう答えるのか試される。つまり、その最終発表の場も人材育成の場面である。

　こうして評価された結果、執筆中のDCON2023本選結果は1位に大島商船高専 (注5-3) が選ばれ、企業評価額3億5000万円で起業資金100万円を受け取っている。

　2位鳥羽商船高専企業評価額3億円、3位一関高専同2億円であり、毎年参加校・参加チームの増加がありますますの活況を呈している。

07 課外活動と外部コンテストで完成させる社会実装能力

　社会実装教育を習熟させる方法としてロボコン、社会実装教育フォーラム、DCONなどを紹介した。

　もちろんこれ以外にも多くのコンテストが高専を取り巻く環境に存在している。

　しかし、これらは最終審査の場である。

では、学生達は日頃はどこでどのように自分たちの技術を磨き、事業性の研究やプレゼン資料を作っているのか？

　このチームとしての調査研究・ものづくり・プレゼン資料の作成などを実施するのが高専の学校側としての「場」作り、協力である。

　これらの活動は学校の授業ではなく、あくまで学生側の自主的な活動であり通常のスポーツ系のクラブ活動、文化系のクラブ活動と同じ扱いだ。

　この自主的な活動は学生の下宿屋で行われることもあるし、寮と言うこともある。

　したがって、指導教員や社会実装教育担当教員もその実態を正確に捉えてはいないと言うのが実情である。

　また、通常のクラブ活動との兼務をする学生もいることから、その学生はその部活とコンテスト参加活動を渡り歩くこともあるようだ。

　こうした社会実装教育において、活動目標の多くは〇△コンテストとなるが、多くの高専ではその「場」の提供を順次整え出している状況であり、活動場所の提供もこれからというところが多い。

　むしろ活動場所を構えても学生の自主的活動であるから、意味をなさないかも知れない。

　場所の有無よりも実態として学生がそのような自主活動をやっているかどうかが問題であり、そのような文化を持つ高専か、自

主活動に良きアドバイスができる指導教員がいるかどうかが問題
である。

　その文化と理解ある指導教員がいれば場所がなくても自主活動
はできる。
　もちろん、チームのミーティングする場所、工作をするときの
工房や工作機械類があることが望ましいので学校側は場所や安全
管理をした工作機械の貸し出しもする体制を整えている。

　実は第9章でも述べるが、2022年度の文科省の補正予算で全
国の高専に60億円の予算が付き、1校当り平均1億6百万円の枠
取りがされた。
　これは、「スタートアップ教育環境整備費」とされ、上記の
チームミーティング場所、工作用工房、工作機械類、材料費、活
動費を目的に拠出される社会実装教育の環境整備予算である。

　まとめとして言えることは、高専が社会実装教育を科目として
教えているのではなく（一部教える学校もあるが）、学生が自分
の興味・関心に基づく自主的な活動で学ぶのでありそれをうまく
支えてくれるのが高専の学校としての体制であったりハードウエ
アの提供であったりするということになる。

　そして、高専内で中々習熟が難しい最終的な事業性は外部機関
を利用する、つまり○△コンテストによって外部専門家のアドバ
イスなりで磨き上げられることになるという仕組みを持つように
なった。

5年間の学習期間に自主自律の精神で学生自身が何らかの研究開発に強い興味関心を持つということは，高専生ならではの大きな特徴と言えるが，ここでとても興味深いのは、技術的な分野への興味関心は高専の中での教育でじっくり育まれる一方、事業性という分野では外部機関（コンテストなど）をうまく使うことによって体験体得するという仕組みが、自然にできあがってきたことである。

　コンテストは他の学校種にも多少はあるが、高専ほど様々なコンテストが花開いているわけではなく、高専がいかにこのような素地を持ち、人材を生み出しているかの証明でもある。

注記

（注5-1）佐世保高専のEDGEキャリアセンター
（EDGE : Enhancing Development of Global Entrepreneur）
佐世保高専がアントレプレナーシップ教育、国際交流、地域連携、キャリア支援のために2019年に設立した。
https://www.sasebo.ac.jp/education/edge/

（注5-2）東京高専の社会実装教育フォーラム
https://www.tokyo-ct.ac.jp/school_summary/1sieforum/

（注5-3）DCON2023の優勝　大島商船高専
https://DCON.ai/2023/final-round-result/

第6章
社会的課題を解決する事例

　それでは高専において社会的課題を解決してきた事例をいくつか紹介しよう。

　直接的に社会的課題の解決というケースを見るために社会実装教育フォーラムとDCONからいくつか紹介する。

　社会実装教育フォーラムでは現在次の9つの分野から作品の募集を行っている。

　①建設・社会インフラ

　②設備システム・防災システム

　③食品・農業

　④医療・福祉

　⑤地域活性化

　⑥教育支援

　⑦サービス

　⑧ロボット

　⑨その他

　またDCONは「ものづくり」×「ディープラーニング」×「事業性」をコンセプトに持つことから社会実装教育フォーラムの様に取り組み分野を制限しない代わりにIT技術としてディープラーニング手法を用いることが条件になっている。

「無給電電力センサを用いた操業監視と省エネ対策」東京高専

このチームは電磁誘導により非接触で電力計測と動作電力取得を行う無線電力センサを開発してきた。この取り組みでは企業と共同でこの技術を改良し、工場の製造設備の可視化に取り組んだ。

その結果、クランプ型のセンサを配電盤に取り付けるだけの設置で，簡単に既存の機械を可視化できるデバイスを開発することができた。しかも、非接触であるため本質的に安全かつメンテナンスフリーである。この成果について、協力企業とともに特許を取得し、実装業者に依頼して100個製造した。

当時、地域の工場4箇所にて実証実験中であった。その後は、効果的な節電および生産管理に向け、最適なデータ活用方法について検討・実証を行なう予定と発表している。

図6-1
(以下図6-1～6-5の出典:東京高専の社会実装教育フォーラムの平成30年発行のアニュアルレポート)

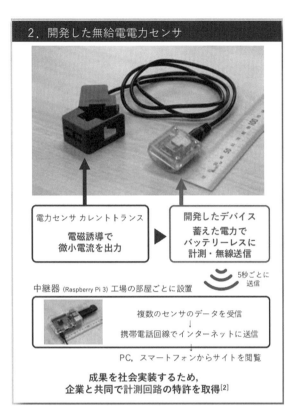

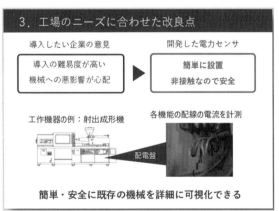

図6-2～6-3

このセンサーとセンサーが捉える微弱電流を無線送信でパソコンなどに集計グラフ化（可視化）することにより工場設備の稼働状況が分かり、機械の立上げ時の電力ピークの分散化や稼働状況の正確な把握ができるようになった。

　今後は工場のユーザーニーズを把握し、データ活用方法を改善することで更なる工場の合理化、省エネ化を推進するとしていた。

02 社会実装教育フォーラム2018年度 「社会実装大賞」(注6-1)

「ため池の水位見張り番の開発」阿南高専

　近年、大雨による河川の氾濫災害のリスクが高まっており、その警戒水位の監視が重要視されている。

　一方、河川だけでなくため池でも同様のリスクがある。淡路島には大きな河川がないかわりに1万を超えるため池があり、それらの水位監視はほとんどされていないため大雨による氾濫災害リスクが懸念されている。

　ため池ごとに水位監視を行うにはセンサや設置、通信のコストが課題となる。

　そこで、各ため池に容易に設置可能で常時水位を監視できる安価なため池水位監視システムが望まれている。

　このチームは通信モジュール、設置方法の改善などをしながら、コンパクトかつ安価で河川にも設置可能な水位計の開発に取り組んだ。

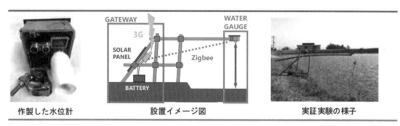

| 作製した水位計 | 設置イメージ図 | 実証実験の様子 |

上の図は当初製作した水位計と実証実験設置の様子

図6-4
地図上での場所の可視化と水位変化の可視化を実現

　次のページの図のようにセンサ改善と通信方式改善でより安価なシステムの構築を実現している。

超音波センサの再選定

回路を改良し，安価な超音波センサを実装

再々10m測定できる超音波センサ(+1.4万円)を
使った水位計の実験も進行中

SainSmart社製
HC-SR04 ¥450

Maxbotix社製
MB7076 ¥13511

通信方式

ゲートウェイを無くして直接LTE or LPWAを利用しデータ送信
大幅なコストダウンと装置の小型化に成功

	Zigbee+3G GW	sakura.io	sigfox
通信装置価格	¥2,000+30,000 (本体) (GW)	¥11,340	¥6,026
使用料	¥500/month	¥60/month	¥100/year
通信規格	3G	LTE(SoftBank)	Sigfox(LPWA)
範囲	広範囲	広範囲	基地局周辺(範囲拡大中)

水位計

ほぼ汎用部品で構成され，安価かつ製造が簡単に

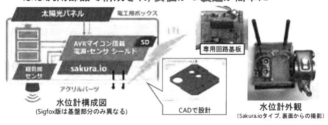

太陽光パネル　　電工用ボックス

AVRマイコン搭載
電源・センサ シールド　SD

sakura.io

超音波
センサ

アクリルパーツ

専用回路基板

CADで設計

水位計構成図
(Sigfox版は基盤部分のみ異なる)

水位計外観
(Sakura.ioタイプ，裏面からの撮影)

ArduinoマイコンIC用専用回路基板と
底面のアクリル板プレート以外は
全て汎用部品

1台¥15,000を実現

図6-5

　平成30年度（2018年度）時点で淡路市の協力により、淡路市
のため池での実証実験を推進中。
　また、開発した水位計の市販化を目指し地元企業と共同で氾濫
事例のある一級河川において水位測定実験を実施中。

03 DCON2019 準優勝

「送電線点検ロボット」香川高専

　日本の送電線網は地球を2周半もする巨大な網であり、国民の生活を支える極めて重要なインフラである。

　この送電線網は定期的な点検とメンテナンスが欠かせないがコストが高く、また作業員の高齢化や担い手不足が深刻である。

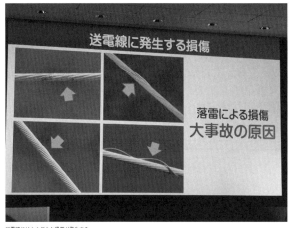

送電線にはさまざまな損傷が発生する。

図6-6
(以下図6-6〜6-8の出典：business insider Japan)
https://www.businessinsider.jp/post-189980

　香川高専のチームはこれを解消するため送電線を滑走して撮影を行うロボットと、その撮影データをディープラーニングによる解析で異常を検出する、というシステムを開発した。

このロボットは約6kgと軽量な上にプロペラを使って機体を浮かせることで容易に送電線に設置でき、振り子型フレームによって重心を常に中心に保つことで、急な傾斜の送電線にも対応できるそうだ。

　ロボットの開発は四国電力、テクノ・サクセスとの共同開発。またAI送電線点検システムは同チームが独自開発した。ディープラーニングによる画像解析を使っているが、開発では学習するための「電線の異常を示した画像」が多く集められないという問題に直面した。

　ブレイクスルーは、逆転の発想だった。たくさんの「正常な電線の画像」を学習させ、「正常部分を検出する」ようにした。これによって、電線を撮影した映像内で「正常な電線ではない部分」で検出の信頼度が向上し、損傷などの異常部分として検出できるようになった。

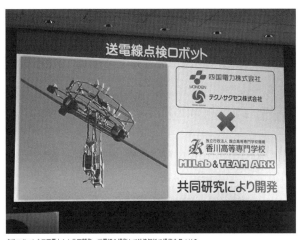

点検ロボットを四国電力らと共同開発。送電線を撮影して映像解析で損傷を見つける。

図6-7

すでにロボット部分は特許申請をしており、ビジネスモデルとしては、まずこのロイヤリティ収入を見込む。加えて、動画解析による収入によって四国内で4000万円/年を確保し、その後全国展開によって9億円/年という売上を見込んでいる。さらにサービスの高機能化や世界展開、道路や線路といった応用分野への進出によって、2030年には国内で1600億円規模に達する「インフラ点検市場」をターゲットとしたビジネスモデルを提案した。

本来は存在しないシールを貼った部分を異常として検知。実際の損傷を同様に検出できることが期待できる。

図6-8

04　DCON2020　最優秀賞

「:::doc（てんどっく）」東京高専
　この作品は視覚障害者に対し、印刷された文字と点字の相互翻訳を障害者自身で行えるシステムである。

点字の文書を撮影しアップロードすると、ディープラーニングを活用した点訳エンジンがサーバー上で自動で点訳(点字を翻訳)。

　点字ディスプレイや点字プリンターで出力し、墨字（点字以外の文字）で書かれた文書を読むことができる。

　視覚障がい者自身で使えるよう、操作時は音声でガイドされる。

　技術的には、ディープラーニングの最先端言語モデルである「BERT」を使用。ただ点訳するだけではなく、点訳後には長くなってしまいがちな文章を要約する機能を取り入れている。ビジネスモデルとしても、自動点訳が上手くいかない場合には人力での点訳も提供できるなど実用性を意識したサービスとして提案された。

(c)DCON2020（全国高等専門学校ディープラーニングコンテスト）

図6-9　DCON本番で審査員にプレゼンする東京高専生
（出典：一般社団法人日本ディープラーニング協会）
https://www.jdla.org/news/20200824001/

図6-10の情報提供元である国立研究開発法人情報通信研究機構（略称NICT）の「情報バリアフリーのための情報提供サイト」によれば高専の開発者は次のように語っている。

「これまで、視覚障害者が印刷された文書を理解するためには、点字に翻訳してくれる業者や行政に依頼したり、誰かに音読してもらったりすることが必要でした。そのため、非常に手間や時間、お金が掛かってしまいます。それならば、点字翻訳のソフトウエアを製作して、パソコンと複合機、点字プリンタさえあれば、文書を理解できるような仕組みがつくれないだろうかと考え、誕生したのが『:::doc』です。」

　このシステムは企業価値5億円と評価され、最優秀賞を獲得した。

「:::doc」をインストールしたパソコンと複合機、点字プリンタの3台をつなげて使用する

図6-10
（出典：NICT「情報バリアフリーのための情報提供サイト」）
https://barrierfree.nict.go.jp/topic/service/20200422/page1.html

05 DCON2023　最優秀賞

「Smart Searcher NEO」大島商船高専

　この作品は海洋ゴミを効率的に回収するシステムとして作成されたものだ。

　従来の海洋ごみ回収方法では、海岸に打ち上げられたごみを人海戦術で回収する場合が一般的である。

　これには多くの人員と時間が必要でありまた、凹凸のある複雑な海岸やテトラポットの間などのごみに対しては到底実現できるものではないことが多い。

　そこで、このチームは陸上に打ち上げられる前の海上にごみが漂う間に、ドローンと海上ドローンを併用してごみ位置を認識し、最適航路を通ってごみを回収する一連のシステム『Smart Searcher』の開発を行った。

　このシステムは、海洋ごみ回収の大幅な効率化を可能にする。

　この実現には、海洋ごみの発見・回収にAIやIoTと自動操縦ドローンを取り入れ、空から探索した海洋ごみをAIで検出し、海上の回収用海上ドローンに通信して最適な航路を導きながら、連携しながら回収する仕組みとなっている。

(c)DCON2023（全国高等専門学校ディープラーニングコンテスト）

図6-11
（出典：一般社団法人日本ディープラーニング協会）
https://DCON.ai/2023/products/smart-searcher-neo/

本作品により企業評価額3億5000万円の最優秀賞に輝いた。

表彰式の記念撮影

図6-12
（出典：大島商船高専、写真提供元：(株)エリートネットワーク）
https://www.oshima-k.ac.jp/campus/topics/dcon2023.html

06 かくして高専は地球を救う

いくつか事例を紹介した。まとめると図6-13のようになる。

この5つの例は敢えて様々な分野として工場合理化、防災、インフラ、障害者、環境などから選定してみた。
つまり、高専の社会実装教育ではありとあらゆる社会的課題を改善や解決に向かうシステム作りをしているのだ。
これらはもちろん一部に過ぎない。

順	テーマ	年度	高専	社会分野
1	無給電電力センリを用いた操業監視と省エネ対策	2017	東京高専	**工場の合理化・省エネ化**
2	ため池の水位見張り番の開発	2018	阿南高専	**防災**
3	送電線点検ロボット	2019	香川高専	**インフラ点検整備**
4	:::doc（てんどっく）	2020	東京高専	**障害者支援**
5	Smart Searcher NEO	2023	大島商船高専	**環境問題**

図6-13

一つの事例として2020年社会実装教育フォーラムで登録された提案内容をリストの図6-14、15にして示そう。(注6-2)

今、世界中で日本中で様々な社会的課題が存在し、多くの人が影響を受けている。
この本の読者も日常で如何ともしがたい社会的課題に直面し「なんとかならないのか？」と思うものがたくさんあるはずだ。

こうしたテーマに対して、課題を発見し、その原因に目を向け対応策を考え試作し、事業性まで見据えた改善展開が高専生はできるようになってきている。

　これこそが筆者が言う「高専は地球を救う」ことなのである。

　彼らは今、こうした課題発見から事業化まで一気通貫でやる「起業」を考えている。

　もちろん起業にはこの社会実装教育は最も早道の教育システムであるが、組織に入る人はどうなのか？

　次の章では組織社会でのアントレプレナーシップを考えてみよう。

令和 2 年度 社会実装教育フォーラム 参加チームとテーマ

分野	No.	チーム名	取り組みテーマ
インフラ・社会（5件） 建設・社会	1	函館 01	北海道の道路建設現場における除雪ロボットの電源線自動回収機の開発
	2	小山 02	赤外線サーモグラフィーによる壁面欠陥検出システムの開発
	3	東京 05	重金属を含む産業廃棄物の再生利用
	4	長野 01	建設現場で利用可能な気象観測ロボットの開発
	5	北九州 02	AR 技術を活用した次世代 AGV システム
防災システム（5件） 設備システム	6	一関 02	防災を意識した人工防風林の開発
	7	一関 04	原子炉建屋内部の状況調査を目的とした廃炉作業移動ロボットの開発
	8	東京 03	Active Dynamic Measurement System を用いた土砂崩壊予兆検知システムの開発
	9	東京 07	避難所での混雑状況把握に向けた移動ロボティクス 'Samuel' の開発
	10	阿南 01	LPWA を用いた平時および災害時の所在確認システム
食品・農業（7件）	11	旭川 01	地元ブランドトマトと北海道で単離された酢酸菌を使った「トマト酢」の開発研究〜トマトジュースの廃棄トマトを活用
	12	旭川 03	水耕栽培における排液流量測定器および安価な EC 計測器の開発
	13	東京 02	地域コミュニティを基盤とした規格外野菜有効活用のための Web システム開発
	14	阿南 03	M5Camera を用いた農作物早朝遠隔監視システム
	15	高知 01	農家のサポートを目的としたパワーアシスト猫車の開発
	16	佐世保 02	プラズマ技術による温州みかん殺菌装置の開発
	17	佐世保 04	音センシングによる森の見える化と害虫駆除支援
医療・福祉（13件）	18	一関 01	管楽器演奏時における飛沫飛散状況の可視化とその影響に関する検討
	19	仙台 01	重度肢体不自由児のためのコミュニケーション発達支援システムの開発（第三報）
	20	鶴岡 01	障害者のディーセントワークを図る簡易紙漉き装置の開発
	21	東京 04	日々の体温を自動で管理できるデバイスの検討
	22	長野 02	健康管理を目的とした身体部位の周囲形状計測システム
	23	長野 04	健康体操教室における利用者の意欲増進を意図した運動システム
	24	長野 05	インクルーシブデザインに基づいた SMS 返信システムの開発
	25	北九州 01	認知症ケア用対話型ロボットの研究開発
	26	佐世保 01	大気圧プラズマによるオゾン水殺菌装置の開発
	27	佐世保 03	がん治療に向けた大気圧低温プラズマ照射装置の開発
	28	佐世保 05	手のひらサイズプラズマデバイスによる殺菌技術の開発
	29	沖縄 02	豊かな老後ライフを実現する「なんくるないカー」
	30	沖縄 04	聴覚・言語障がい者向けのコミュニケーションシステム

図6-14

分野	No.	チーム名	取り組みテーマ
地域活性化（5件）	31	釧路 01	くしろプライド釧魚（せんぎょ）～地元の魚をもっと知ってもらうためのアプリ開発～
	32	小山 01	子ども向け図書館案内ロボットの製作とサポートロボットの検討
	33	東京 06	AI を活用した高尾山登山道沿いの花ガイド・アプリの開発
	34	阿南 02	AR を活用した固有植物の現地観賞システムの開発
	35	沖縄 01	COVID-19 に挑む観光産業向け眼鏡型 AI デバイスの研究開発
教育支援（5件）	36	仙台 02	ゆっくり学ぶ子供たちのための算数学習支援アプリの開発（第三報）
	37	東京 01	ひずみゲージを用いた可視化型チャックハンドルの開発
	38	長野 03	運搬業務補助を目的とした AMR の開発
	39	和歌山 01	児童の体験活動のためのプログラミング講座用コンテンツの開発
	40	沖縄 03	サポート者のニーズを考慮した簡易型視野測定器の改良
サービス（2件）	41	旭川 02	高専ライフをより楽しむための健康管理＆学内 GPS Map アプリ「GrowSter」（Google Play に公開中）
	42	一関 03	社会実装指向研究のための移動ロボットプラットフォームの開発
その他（2件）	43	旭川 04	企業からの課題解決「ガス捕集袋内の濃度推移調査」
	44	鹿児島 01	画像計測技術を用いたエンドミル加工における加工状態の可視化

図6-15

注記

（注6-1）社会実装教育フォーラムの実装大賞の記事
平成30年発行のアニュアルレポートからの抜粋
https://www.tokyo-ct.ac.jp/wp-content/uploads/2019/08/
annualreport.pdf

（注6-2）社会実装教育フォーラムの参加チームとテーマ
令和4年発行の広報誌「社会実装教育」からの抜粋
https://www.tokyo-ct.ac.jp/wp-content/uploads/2022/06/
annualreport_2022.1.11.pdf

第2部

技術者の方へ、
「マネジメントとは」

この第2部からお読みになる方へ

第7章以降はアントレプレナーシップを前提にした説明となります。
必要に応じて第4章と第5章の当該定義等をお読み下さい。

第 **7** 章
会社など組織社会でもますます 重要性を増すアントレプレナーシップ

　アントレプレナーシップは日本語直訳で「起業家精神」となる。

　その解釈は「社会的課題を発見して自分の技術で解決を図るために起業する人材か」と思われがちだ。

　確かに社会実装教育を受けて専門知識技術とアントレプレナーシップを持つ人材は起業できる人材として育っている。

　文科省はスタートアップに予算配分して高専や大学卒の人材が起業に目覚めることの支援に乗り出している。

　それほど社会的課題を解決する人材を育成したいし、世の中の状況はひっ迫していると言ってもよい。

　しかし、高専は過去から産業界に技術者として卒業生を送り出して来ており、その考えや産業界のニーズは当面変わることはないだろう。

　今現在、卒業後にすぐ起業するような卒業生はほんの一握り、数％未満であろう。

　つまり、卒業生の9割以上はこれまで通り産業界や官公庁など組織体に就職をしていく。

筆者はこの社会実装教育が起業家だけではなく、組織社会に生きる人材にも必要であると思っており、ものづくり企業で44年間働いた経験からその必要性を明らかにしたい。

01 マネジメントの基本 I 「態度」と「観察力」

組織社会では高効率で、しかも品質の安定、向上を目指す方法を身につけるために組織マネジメントをOJT（仕事を通じて先輩から教わる）したり、セミナーで実技や理論を学んだりする。

例えば「PDCA」、「QC」という言葉は多くの人が知っている。

筆者も総合的なマネジメント手法としてTQM（Total Quality Management）を学んだ。

また、実際の仕事で役に立つようなビジネス書がたくさんあり書店のビジネス書棚は花盛りだ。

例えばロジカルシンキング、○△の仕事術などだ。

しかし、これらは具体的な施策の行動に当たっての思考方法や展開手法のテクニックを説明したものである。

その前にもっと基本的で大事なことがある。

それは

その１：ものごとに向き合う<u>態度</u>
その２：ものごとの本質を見極める<u>観察力</u>

　その１は「態度」、「姿勢」、「心の持ち方」などと呼ばれる「<u>も</u>
<u>のごとに真摯に向き合う精神</u>」のことだ。

　その対象にどう臨むか、対象への本人の態度はどうなのかなど
基本的なスタンス（その人の精神性）によってその後の行動が分
岐したり、深く考えたり、周辺の状況を観察したり、抜本的に見
直ししたりする。
　つまり「ものごとに向き合う態度」は次の行動をもたらす精神
面での原動力であるから大事なのだ。

　この本ではものごとに向き合う態度を単に「態度」と記述しよ
う。

　この態度は相手が人であれ、ものごとであれ先入観なしに真実
の内容を素直に正しい情報で受け取ることのできる能力であり、
この能力がベースにないと次の本質を見極める観察力も発揮し得
ない。

　次のその２のものごとの本質を見極める能力として「観察力」
があり「真偽眼」、「洞察力」、「本質を見極める力」などとも言わ
れる。
　これは現実に何が起きているのかを客観的に様々な角度から捉

える力であり、その1の態度を通じて本人の脳裏に認識を生み出す。

「洞察力」というといかにも老練かつ高いレベルのビジネスマンをイメージするが、社会人の初期段階でそのようなハイレベルの能力まで要求はしていない。

どちらかと言うと、ものごとを混じりけのない目で見ること、先入観のない心で捉え、ものごとに対し「なぜ」という好奇心や起きている原因を考える習慣を持つことである。

この「真偽眼」や「洞察力」は早い時期に獲得し、ビジネスを通じ本人の考える習慣により一生パワーアップしていく能力である。

この本では、この能力を単に「観察力」と記述しよう。

この「態度」「観察力」二つの素養が備わっていてこそ、PDCAなどのマネジメント手法やロジカルシンキングなどのビジネステクニックが力を発揮する。

PDCAとかロジカルシンキングとか言う前にその人のものごとに真摯に向かう態度と見極めようとする真剣な気持ちがなければ、対応を間違うか観点がずれた手法展開になってしまう。

この二つがあって初めてビジネスの現場で技術者やマネジャーとして活動し、活躍に繋がるベースができるものであり社会人としても必須の能力と言える。

この二つの能力はともにそもそもの人の性格という部分と、幼年期での学習も含め最終的には子どもから大人になる時期に獲得するものである。遅くとも20才代では獲得しておきたい。

したがって、青少年時代である高専本科5年間は正にぴったりの時期であり高専5年間で涵養（かんよう）されれば申し分ない体得となる。

02 「態度」と「観察力」はアントレプレナーシップ能力だ

社会実装教育

社会実装能力

★自分の専門学問の精通と向上心・研究心

★アントレプレナーシップ

アントレプレナーシップとは

①課題発見力：社会課題の発見と技術への紐付け・企画力

②他者理解力：ユーザーの立場で作り上げる行動と他者理解力

③事業性能力：INPUTとOUTPUTの事業性を展開出来る

図7-1

今、組織人のスタートとしてマネジメントの基本Ⅰを説明しているが、一旦社会実装教育のところに戻って、社会実装能力との関係を考えてみよう。

　筆者が定義した社会実装教育で獲得すべき能力を図7-1で再度示そう。

　社会的課題を解決するという行動は、先ずその社会的課題を発見するというところから始まる。

　このアントレプレナーシップの第1番目の能力「課題発見力」だ。

　課題発見力は前述したようにものごとに真摯に向き合う姿勢の中で対象に対して濁りのない目で真の姿を捉えることで初めてできる。

　課題発見力は表面的な現象面のみにとらわれることなく、起こした原因系の確認や推定を含む思慮によって確立されていく。

　観察力も真摯な姿勢で相対峙し表面的なものだけでなく原理原則と原因系のところまで思慮するという点で同じであり、せいぜいの違いは、この本で言う課題発見力は世の中で起きている事象を対象としているが、観察力は更に広い範囲である対人関係を含めた世の中の事柄全体を見る力と言うことになる。

　つまりマネジメントの基本Ⅰの「観察力」はアントレプレナーシップの「課題発見力」を内包するものとご理解いただきたい。

また「態度」はものごとに真摯に向き合う精神であり、これもアントレプレナーシップの「他者理解力」に符合する。

真摯な姿勢で対応しなければ他者を理解することはできないからだ。

このようにマネジメントの基本部分はアントレプレナーシップ能力であることを念頭に置いていただきたい。

03 マネジメントの基本Ⅱ 「問題」が全ての鍵だ

ビジネスシーンにおいては一般企業であれ、官公庁であれ次のような言葉が飛び交う。

✓ 目的は○○です　とか　目標は□○の数値です

✓ 計画は○×です　とか　計画値は△□です

✓ 現状は○△です　とか　今の実力は×□しかありません

✓ 問題はどれですか　とか　このトラブルが問題です

✓ 課題はなんですか

✓ 対策はどうなっていますか　とか　対策は■●を推進中です

これらは通常の中で普通に、自然に会話されているので、その言葉の位置づけや定義をあまり意識することなくなされている。

しかし、実はこれらの内容（前提となっている状態）をしっかり押えることが重要なことでありマネジメントの一丁目1番地である。

このことはその人が「できる人かどうか」の分かれ道でもあり、

またそのビジネスがうまくいくかどうかの分かれ道でもあるのだ。

　例えばビジネスシーンでは次のようなことはいつもどこにでも
ある。
●途中で計画値が分からなくなり、再度やり直しとなる
●解決方法にこだわるあまり、元々の目的目標から外れてしまう
●問題と思っていたことが問題ではないと上司に言われてしま
　う
●問題の認識が違うため対策を打っても外れてしまう

　この基本的な言葉とビジネスにおける定義の取り違え、理解間
違いのためにビジネスがうまくいかないことは日常的にあらゆる
場所で起きており、まずはこの部分を正しく理解することがマネ
ジメントの基本Ⅱとなる。

図7-2

先に述べたビジネスシーンでの「目的」、「目標」、「計画」、「現状」、「問題」、「課題」、「対策」といういくつかの用語であるが、実は「問題」というものを正しく理解すればそれ以外のものも理解できるようになるので不思議だ。

　そこで「問題」というものを次の節で少し詳しく説明するが、その前に「目的」と「目標」を簡単に説明しておきたい。

「目的」はそのマネジメントで最終的に達成する状態であったり、人が行動を起こすための最終地点であったりするもので、定性的なものである。
　通常は数値化されているものではなく、ある姿の性質的状態を表す。

　例えば「A県内のトップセールス店となる」のような感じである。

「目標」は目的を達成するためにいくつかクリアすべきテーマであり、定量的な設定がなされる事が多い。
　目的は1つの事もあるが、目標は1つの目的に対し複数設定されることが多い。

　例えば、
　目的：A県内のトップセールス店となる
　目標1：月間売上高（年間平均）7200万円以上
　目標2：お客様満足度（日本ＪＳＲ社調査）98％以上

目標3：クレーム発生率（A県同業者協会調査）0.5%以下
……と、このような感じだ。

また、目標値はマネジメントや事業計画の「計画値」に直接なることもあるとご理解いただきたい。

04 問題とは

それでは、「問題」というものを考えてみよう。

そもそも、起業にしても組織社会にしても人はなぜ必要なのか？

誰しも漠然と「ある目標にしたがって、それを達成するための行動するために必要」と心に思うであろう。

そう思うことに全く異論はない。
この目標にしたがって突き進むために人が必要なのだ。

目標は利益であったり、シェア拡大であったり、顧客満足度であったり様々であるが、ある"同じ内容"のために人は奔走している。

同じ内容とは「目標を達成するためにはルーチンワークをこなすと同時に『問題の潰し込みをする』という状況のことを指す」

問題がなくて目標が達成される状態はほとんどない。

　もし、そのようなことがあれば目標が低すぎるか、更なる改善でもっと大きな目標を達成できるはずだ。

　つまり、人が必要と言うことは問題を解決するために存在すると言っても過言ではない。

　そこでこの「問題」というものが何かを考えてみる必要がある。

　問題をインターネットなどで検索すれば様々な定義が飛び交っている。

　筆者は「問題＝解決すべきこと」と定義しよう。

　先ほど言及したが「目標」というものがある。

　目標があると言うことは「現状」があると言うことだ。「現実」や「実力レベル」と言い換えてもよい。

　そしてこれらを数式化して捉えると実際のビジネスではより理解がしやすい。

（数式）　問題＝目標－現状

　となる。

　そしてこれらの関係を分かりやすく示すと図7-3のようになる。

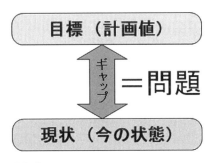

図7-3

「目標」に対する「現状」とのギャップ（差）を「問題」と言い、これらが解決すべき内容となる。

　世の中の多くの人々はこの目標に向かいギャップを埋めんがために対策を施し、奔走して目標値をクリアしようとする。

　たいがいの事業はこの目標をクリアしたときに初めて所定の利益が出るようになっているので、給料の確保のためにも皆必死に頑張るわけである。

　次のところで解説するが、現段階ではこの「問題」は場合によっては「課題」と置き換えても同じ引き算で表せる。

　さて、それでは若干ややこしいが「問題」と「課題」の違いについて説明しておこう。

05 問題と課題の定義

　現在日本のビジネス界では問題と課題の定義について大きく二つの派がある。

　最初をA派としておこう。その定義は次のようになる。

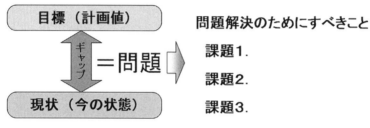

図7-4

　つまり、A派は目標と現状の差を問題と言い、その問題を解決するための対策、方策を具体的な行動系のテーマとして「課題1」「課題2」と呼ぶ定義の仕方だ。

　次にもう一つの派であるB派を説明しよう。

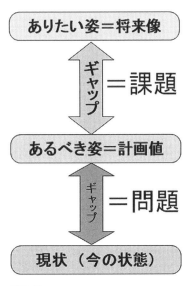

図7-5

　B派は通常の計画値に対するギャップを問題と称し、将来的な組織のありたい姿つまり理想に対しそのギャップを課題と定義している。

　この定義法では問題と課題の性格を次のようにも説明している。

	問題	課題
意味	欠落 （欠員、欠損、故障、クレーム等）	付加 （成長、増加、発展）
目標	もとの姿、あるべき姿	高みの姿、ありたい姿
解決策の内容	修理、代替え、復元	成長、他の方法の採用、開発

図7-6

　したがってA派、B派を一つで説明すると次の図になる。

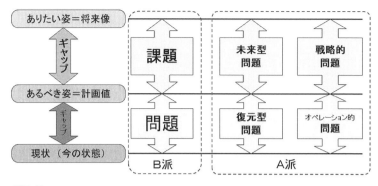

図7-7

　つまり、Ａ派では将来の理想像＝ありたい姿に対するギャップ
は問題という言葉でも「未来型問題」、「戦略的問題」と修飾語を
付けて表現することになる。

　インターネット上では、定義やその手法解説においてＡ派の方
が情報量として多くどちらかというと主流派と目される。

　しかし、この本では冒頭から「社会的課題」と称して執筆して
おり、この社会的課題の意味は将来にわたる広い意味での課題で
あり現状の問題も含めている。Ａ派のように対策である行動系の
テーマのことを言っているわけではない。

　したがって、Ｂ派の定義とほぼ同じである。
　この本では問題と課題に対して大まかにはＢ派の定義や分類で
説明をしていきたい。

　言葉の定義に対してご理解していただいたところで、ここで重

要なことを記述しておきたい。

　それはB派の課題、A派の未来型問題、戦略的問題は将来のありたい姿に対してであるので、実はその設定自体が大変難しいと言うことだ。

　通常の計画値（あるべき姿）は日々回していく事業計画なので比較的容易に設定できる。

　しかし、将来のありたい姿はどこを指すのか不明なことが多く、しかもありたい姿に影響を与える世の中の情勢や時代はどんどん変化してしまうと言うつかみ所のないものである。

　そして人々にとってこの「課題（未来型問題・戦略的問題）」の設定は通常の問題解決能力（7.　で説明）に対して「将来を予測してありたい姿を設定する能力」「仮説能力」が問われ、高度な思考能力を要する。

06 問題・課題はアントレプレナーシップで始めよ ―一方でイレギュラーにも覚悟せよ―

　実は前述した、この高度な思考能力にはアントレプレナーシップの第1能力である「課題発見力」が必要になるのだ。

　アントレプレナーシップの第1能力「課題発見力」は世の中のあらゆる事象に対し人としての感受性を持って真摯に向き合い正しい情報を持つことで理解し、設定できる。

誰でもあらゆる社会的課題を肌身で感じているが、自分自身が向き合うものとして設定しているものではない。

　自分が向き合ってなんとか対策を講ずるとか緩和する糸口を見つけるためにはその課題への真の理解と、その後<u>自分事として展開するための言葉</u>の設定が必要となる。

　組織マネジメントにおいても課題は世の中の動向を理解してその組織の将来のありたい姿（理想）を設定する行為でありアントレプレナーシップの課題発見力と符合し、ほぼ同じ高いレベルの思考である。

　そしてB派の定義である「問題」はどちらかというと「課題」を上位概念とし、下位の位置づけが「問題」である。
「問題」は日常のマネジメント活動で結構大変な理解を要するし、根本的な原因が分かり対策するという作業もなかなか困難なことも多い。

　しかし、「課題」よりは「問題」は可視化が出来やすいもので、組織社会では新人であってもその潰し込みから入っていくことになる。

　詳しくは次の節からの各シーン（新入社員〜研究開発部門）で説明するが、「課題」は「問題」を包含するイメージとなり、問題を解決する力はその上位の課題を解決する力ともなるので、将来的に大きな課題を解決する場面を想定すると、先ずは問題を解決する行動力を培う必要がある。

また、問題や課題の理解とその対策展開にはアントレプレナーシップの「他者理解力」や「事業性」ももちろん必要であることは言うまでもない。

　このようにして起業においても組織社会においてもアントレプレナーシップは重要な能力となる訳である。

　ところで、先ほど「問題」が分かればその他の用語も分かると言ったがどうだろうか？
　目的、目標、計画、現状、問題、課題、対策　等これらの言葉の意味づけが少しクリアになったと思う。
　この本では更なる深掘りはしないので、詳しく知りたい方はネット情報やビジネス書を参考にしてほしい。

　但し、一つだけ説明しておきたい。
　それは計画が変わってしまう場合の対応や現状実力レベルを自分の都合のよい数字などに変更する場合の怖さだ。

　先ず、計画が変わるという事象についてである。
　通常組織体は事業計画や年度計画等の名称で組織の計画（あるべき姿）を決めている。1年度毎に決めているケースが多く、その1年間で更に四半期ベースや1ヶ月ベースに細かく分けている。
　この計画が変更になる場合の事象を説明しよう。

　一般的に大きな組織であったり、安定した事業であれば一度決めた計画は変更しないが、世の中の大きな変化やその組織体に大

きな変化があればこの計画が変更されることがある。

　こういう時に「何だよ。せっかくこれまでの計画でやってきたのに台無しだ。実行計画の作り直しだよ」とぼやくこともあろうが、甘んじて受けるしかない。

　これはトップの判断によるのでやむを得ない措置であり、組織の全員の理解（納得は別にして）は得られるので変化が大きくても問題はない。

　しかし、一旦決められている組織の計画であるにもかかわらず自分の部署だけ変更する（甘くする）者が中にはいる。トップや経営陣に分からないようにごまかすのだ。
　この行為は、いずれはバレることになることが多いのでその組織内の自浄作用で明るみになり組織全体としてのコントロールは保てる。

　一方、自分たちの現状の実力値を良く見せたりしてあたかもよい成績であるかのように実績やデータを改ざんしたりするケースがある。
　これは小さい段階で自浄作用が働けば大きなことにならないが、体質になったり、長年続くと大きな社会問題に発展することがある。

　この件は品質問題として中堅社員のケースで少し触れることにする。

いずれにせよ、組織でビジネスを展開する場合は多かれ少なかれ隠れた計画変更や実力値変更がなされることがあり、組織人としてはそうしたこともあると言うことを事前に知っておいてほしい。

　場合によっては内部告発をするため、そのタイミング、訴え先・相談先などをバランスを考えながら実行する覚悟を持ってほしい。

　話を戻すが、本章では特に組織社会に入った方のために次の節から新入社員から幹部社員などのマネジメントシーン別で、この計画値、現状値、問題・課題へのアントレプレナーシップ能力の発揮についてご説明する。

07 アントレプレナーシップ ―新入社員―

　新入社員は一通りの研修などが済むと第一線に配属されそこで社会人としての洗礼を受けるのが常だ。

　高専卒業生ともなるとエンジニアの卵であるから技術の現場で様々な問題と対峙することになる。

　筆者も高専の機械工学科卒であったので研修が終わると早速に「生産技術者」として技術部門に配属され製造ラインの立上げを

担当するチームの一員となった。

　当時は数値制御機械（ＮＣマシン）が少しずつ導入されつつあり、筆者は数値制御のプログラムを任されて日々プログラミングコードと格闘すると同時に新しい機械にまつわる準備作業に終始した。

　一つの業務の担当を任されるのだが技術面やマネジメント面で多くの問題が発生していた。（事例、図7-8）

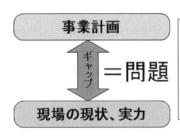

図7-8

　例えば製造ラインの立上げ準備の現場では計画がうまくいかない事例として「機械のサイクルタイムが遅い」「オペレータの育成が出来ない」「治具を準備する時間がない」など多くの問題が生じていた。

　通常新しいラインの立上げなどは非常に多くの問題が山積して期限までに間に合わないことが多い（所属した会社の体質もあるが）。

　つまり、上記に上げた３つの問題は筆者の一担当としての事例で立ち上げチームの全員が日々格闘し、多くの問題のつぶし込み

をしていた。

　このことを詳述はしないが、要するに問題とはそう言うもので
ありこれらをスタッフはひとつ一つ解決しなければならない。

　ここで発揮しなければならないのは問題解決能力＝改善提案力、
現場の人とのコミュニケーション能力、期限とコスト意識などで
ある。

　問題解決能力は課題発見力の中のコアになる「現実に起きてい
る問題点を正確に捉え、解決に結びつける手法を確立する思考」
であり、課題発見力に内包（図7-9）されている。

図7-9

　3つの事例で示すが「機械のサイクルタイムが遅い」は純粋な
技術的問題で、元々の設定値と何が違うのか？　設定値そのもの
が悪かったのか？　自分のプログラムが悪いのか？　他の要素が
あるのかを追求し改善する内容である。

「オペレータの育成が出来ない」は現場オペレータ側に問題があ
るのか？　現場の上司が適切な指示をしないのか自分の教え方が
まずいのか？　これは人間対人間のコミュニケーションの問題か

も知れない。

　少し詳しく言うと、筆者の所属した会社は製造ラインを準備する技術部門とその製造ラインを使って部品を量産する工場部門に分かれており、私たち技術部門は製造ラインを準備、現場に設置し、所定の能力が発揮できる状態に熟成させて工場側に引き渡す。
　この際、工場の受け取り側の製造ラインを日常的に使用する複数のオペレータに機械の操作方法、メンテナンス方法などを標準作業として教える実務が発生する。

　したがって、技術部門の技術者が各オペレータに操作方法を教えなければならない。
　筆者が所属した会社で良くあったケースだが、機械の熟成度が満たない場合などは工場側の上司が受け取りを拒否したり、オペレータへの操作方法の教育訓練も時期尚早と断ってくることもあった。

　このようなときは目的目標に対する現在の状況、機械の熟成度など計画値と問題点を的確に捉えるアントレプレナーシップ第1能力「課題発見力の問題解決力」部分と、工場側のキーマンとの交渉など第2能力「他者理解力」を発揮しなければクリアはできない。

「治具を準備する時間がない」は仕事の仕方でどう優先順位を付けながらやっているかの問題で業務全体のマネジメントを問われる。

ややもすると期限を守るために、特急で製作を依頼したために高価な治具を購入するはめになり予算オーバーとなることもある話だ。
　これはアントレプレナーシップ第3能力「事業性能力」である。

　このように（課題発見力に内包する）問題解決能力、コミュニケーション力、コストを含む全体マネジメント力（事業性能力）は早々に問われる。
　これは一つの事例であり、組織の中で技術者として活動するにはこのような能力は必須のものとなる。

　図7-9をもう一度見てほしい。
　この新入社員時代は問題解決力の比重が高く、外側の課題発見力は少なく発揮する場面はないと思った方がよい。
　この新人時代に問われるのは会社内で起きている目の前の問題に対する解決能力であり、課題発見力に内包されている問題解決力である。

　ただ、会社や業界、世の中にどのような課題があるのかを考えたりすることまでは止めないでほしい。
　それはちゃんと心の奥底に温存しておくべきである。

　若き技術者がふと我に返ったときに「この会社のありたい姿は？」と思うことはもちろんあるだろうが、日々の活動に入れば99.9％まで日常の「問題の解決処理」に追われることになる。

この段階で課題発見力を発揮して「この会社のありたい姿は○○です。したがって、この△□を導入すべきです」などと上司や幹部に上申しても、日本型の経営や組織体では「中々、骨のあるやつ」と思われても実現までは至らない。このことは中堅社員のところで再度触れてみながら理由を考えたい。

　いずれにせよこの節をまとめると、新入社員〜若手技術者においてはアントレプレナーシップの3つの能力要素は第1の課題発見力の中でコアである「問題解決能力」として発揮され、第2の「他者理解力」、第3の「事業性能力」を含め早々に問われることになる。

　従来はこれらの能力は高専の課外活動や入社後の仕事において培ってきたと思うが、高専時代にある程度体系的に教わったり体験していれば、より早く本人へも組織社会へも貢献できたと言える。

08 アントレプレナーシップ ─中堅社員─

　中堅社員（主任、係長、課長など）ともなると組織上の責任が重くなっていく。

　日常は相変わらず通常の計画値に対する「問題」への対応で活動の9割以上はそれに追われる。

しかし、一方で組織の外で起きている変化にも目を向けなければならない。

それは世の中の流れだ。

これは時間と共にどんどん変化していくので常にその動向を敏感に感じ取っていく必要がある。

まず日常の問題の対応だが、これは先に述べた新入社員時代のものと大きな違いはないが規模と責任の大きさが変化していてより大きくなる。

新人時代は個人や自分の組織内でとどまるような責任の範囲内であったものが大人数、他の部署まで巻き込むような領域まで拡大している。

この領域はアントレプレナーシップ能力としては「他者とのコミュニケーション」、「事業性」などを遺憾なく発揮したものが昇進していく。

次に課題への対応だが、この時期当りから組織的に個人力量の影響力を徐々に行使できるようになってくるので組織のありたい姿への提案もできるようになってくる。

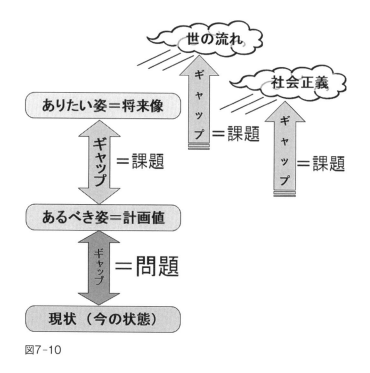

図7-10

　組織のありたい姿は確定していることもあれば出来ていないこともある。また、一度決定してもまた見直し作り替えと言うことは往々にしてある。

　これは図7-10のように世の中の流れがどんどん進化するからで、その組織もそれに追従するか一歩先を行くかしなければならないからである。

　世の中の流れというのは「社会的課題」を包含する。

　したがって、社会的課題を敏感に感じて自社の施策に織り込んだ提案と実施展開ができるかで中堅社員として次の頭角を現す人材かどうかを上位に知らせることにもなる。

ある面でアントレプレナーシップの「課題発見力」を遺憾なく発揮した上で、その組織内の風土をベースとした「他者理解力」「事業性能力」の総合的なものを問われるわけだ。

　日本的経営の組織は内部的な変革はかなり難しい。
　その理由は旧来の文化や組織内の力のある人材を大切にするからだ。

　したがって、新人時代には難しいことも、徐々に頭角を現し組織に影響を与えることができるようになった中堅社員ではある程度は社会的課題に対する組織改革を提案できるようになってくる。

図7-11

　ここが新入社員時代は決定的に違うところだ。
　図で示すと図7-11のようになり、日常は問題解決力を発揮しながら、「課題発見力」についても組織風土をベースに「他者理解力」、「事業性能力」を巧みに使いながら組織提案できる。

　海外の会社や外資系企業は違うかも知れないが、日本の中の日本的経営の組織体はほぼそうなので世渡り術として心にとめてほしい。

この時期にもう一つ重要なことを述べておきたい。

　それはネガティブな領域であるが「社会正義」、「社会悪」を心の根底にしっかり持っているかどうかということである。

　誰もが知っている自動車メーカーの検査不正問題、建設物のデータ偽装問題、食品の産地偽装、さらにはブラック企業と言われる労務問題、ハラスメント問題など世の中の企業で起こっているあらゆる悪い事件だ。

　この社会正義と社会悪というものは世の中の流れで変化する。

　例えばサービス残業問題は昭和の時代、平成も10年過ぎぐらいまではことさら問題ではなかった。昭和の頃はむしろ善とさえ思われていた。

　今はどうだろう。誰しもが「社会悪」と考えており、新入社員にとってブラック企業の最右翼で最も入りたくない企業ではないだろうか？

　こうした社会正義（反対の社会悪）に敏感でそうしたことを会社施策に織り込んでいくことは中堅社員となった時期からは徐々にしなければならないことと筆者は考えている。

　幸い私自身や自分が所属した会社とその企業グループには品質の不正問題はなかった。

　しかし、既知の自動車メーカーの品質不正問題は何十年も続いていたり、グループの別のところでも同じことが発生したりして目を覆いたくなるようなものだ。

折しもこの文章を執筆している2023年7月下旬は「ビッグ
モーターの損害保険不正請求問題」が毎日トップニュースで報じ
られている。
　これなども社会悪としての不正なことを当事者がどのように認
識していて、どう行動したかだ。

　ニュースでは各工場の板金部門の責任者や工場長が不正を起こ
す風土になっていたと報じられているが、中堅社員としてこの社
会悪を断ち切る勇気と経営側に上申する行動が必要だった。
（実際何人かは上申したりしているが、左遷させられたり辞職し
たりしていて自浄作用はなかったようだ）

　これらの発生原因を考えたときにアントレプレナーシップの社
会的課題発見力が関係しているのではないかと思う。
　自動車の品質不正問題で品質データの改ざんを「前任者がやっ
てきたから自分も続けた」という証言などは客観的に見れば誰で
もその行為を簡単に非難はできるが、自分が当事者となってその
事象に遭遇すれば中々組織の中で言い出して不正を止めることは
至難の業であろうと思う。
　ビッグモーターの事件も同じだ。

　このようなときに正直に我に返り、今やっていることがよいの
か悪いのかを判断するのは自分の良心や社会正義に照らすしかな
い。

　世の中の流れや世の社会正義を感じ取りながら自分の仕事に反

映する力が求められ、この品質不正問題などは社会正義というものをどう自分の根底に置いているかに掛かっており、それは世の中を敏感に感じるというアントレプレナーシップの課題発見力と根本は同じではないかと思うわけだ。

　残念ながら、品質不正やあらゆる悪い出来事と課題発見力が関係していたという統計はないので証明はできないが、筆者としてはその起因としての感受性についてリンクしていると感じる。

　また、この社会正義などについての社内への反映はこの中堅社員としての責任でもあると考えている。

　この時期に発見・体験したときに組織内で自浄作用を発揮できなければいつ発揮するのか？

　次の9.　で述べる幹部社員・経営者時代では遅すぎる。

　それは二つの理由がある。

　一つは中堅社員時代にその不正を知り、幹部社員・経営者になったときに変えようと思ったとしても、その不正が体質になっていれば時間経過と共に大きく変えがたいものになってしまっている危険性があること。

　もう一つは幹部社員・経営者になると自分が管理する領域が広すぎて目が行き届かないと言うことがあり「知らなかった」こととなる。

　つまり各部署のマネジメントで目を光らせている中堅社員でないとできないこともあるからだ。

話をまとめるが、アントレプレナーシップの各能力は社会人として組織で活躍するときも必要になり、通常は学生時代のキャンパスライフや組織人としての成長と共に培われるが、高専時代にそれを事前に体系的に学んでおけばより早く成長でき、より早く組織貢献もできると考える。

09 アントレプレナーシップ ―幹部社員・経営者―

　幹部社員（部長級以上）や経営者（役員、執行役員以上）になるとまさに本人の課題発見力の真価が問われる。

　組織体を経営している場合、相変わらず自社の事業計画と現状

の狭間を埋める問題解決に多くの時間が取られる。

　しかし一方で自社の図7-12のように「将来のありたい姿は何か」を常に考えねばならない。
　そしてありたい姿は常に上方に動き続ける。
　理由は世の中の流れがどんどん動くことと自社の成長が変化することによる。

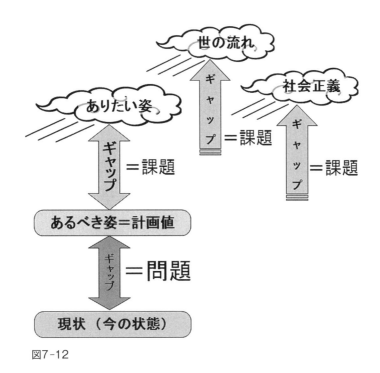

図7-12

　したがって一度描いた将来設計も2年3年たつと陳腐化し達成する前に再設計となりそれを繰り返すことになる。

課題発見力と問題解決力のみを考えると図7-13のようになる。

　相変わらず日常の自社の問題解決力を発揮しなければならない
が、同時に会社を取り巻く課題に対しても敏感に発見し、解決す
る能力と行動力を問われる。

図7-13

　この時点での最高度の課題発見力を発揮しなければならない。
　これは世の中の流れを敏感に感じ、トレンドの先を読むという
経営者ならではの仮説思考力が必要であり、未知の世界に入るこ
ともあり得る。
　未知の世界に入る時の判断は「最後は英断をする」こととなる。

　読者も「え！　あの企業がこれをやっているの？」という転身
を見せている企業をたくさん知っているだろう。
　このように従来の業態からは想像できないような転身で繁栄を
築く企業は最終的には経営トップの英断があったればこそだ。

　この能力はアントレプレナーシップそのものでこれを組織人の
起業家精神と言ってもよいと思う。

つまり、課題発見力、社内でその方向に向かうためのコミュニケーション力発揮、そして事業性の確立などだ。

　中でも自社を将来的なありたい姿に近づけるための課題設定は世の中の流れや社会正義など必要な要素をすべて包含したものになるのでアントレプレナーシップの最も高度なレベルでの発揮となる。

　高専を卒業後すぐに起業するエンジニアもかなりのアントレプレナーシップを求められ、事業展開に苦労すると思うが卒業後の起業は数人レベルの組織規模で仮に失敗しても被害は小規模と言える。

　これが数十名、数百名、数千名と規模が大きくなると影響がとてつもなく大きくなり企業転身などの思考は熟慮と高度な判断が求められる。

　このタイミングにしてもアントレプレナーシップの課題発見力はとても重要な能力となってくる。

　次にアントレプレナーシップの課題発見力をより多く必要とする部署を紹介しよう。

10　アントレプレナーシップ　―研究開発部門―

　アントレプレナーシップの第1能力である課題発見力を新入社員時代からより多く求められる職種がある。

それは「研究開発部門」だ。

この部署は常に世の中の流れ、世のトレンドを察知して新しい商品やサービスを開発する。
したがって、この部署は最初から社会的課題の発見と企画力を問われる部署と言ってもよい。

自分の業務上のテーマの研究開発分野は課題発見力そのものを100%発揮することになる。

しかし、図7-14のように社内のマネジメントなど日常の企業活動はこれまで述べた新入社員や中堅社員と同じ問題解決能力が主体となる。

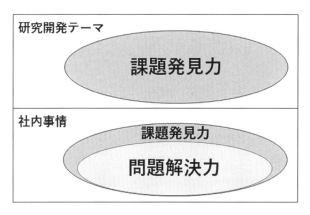

図7-14

また、会社の違いや研究開発テーマの内容により日常作業が多いところもあるので、「他の部署と比較して課題発見力をより多

く必要とする」というイメージで理解しておくとよい。

　高専時代に社会実装教育を受け、アントレプレナーシップ能力を身につけた上で、組織社会に入り研究開発部門に配属されれば真にアントレプレナーシップの課題発見力を最初から発揮する場面が増えるものと思われる。

　しかし、課題発見力のみではなく同時に他者理解力や事業性能力も問われることは組織社会の必定なのでその点もおろそかにはできない。

　人間がマネジメントして企業活動や社会実装活動をする場合はどこにおいても他者理解力と事業性能力は必要である。

　これまで見てきたようにアントレプレナーシップの各能力を新人時代、中堅社員時代、経営幹部時代、研究開発部署とそれぞれ比重や責任の重さの違いはあるが、私たちはこれを発揮して組織人として組織に貢献する訳である。

　この章では特に「問題」、「課題」の捉え方と仕事の進め方の基本的スタンスを説明したが、これはあくまでアントレプレナーシップを発揮する場面のことを言っているに過ぎない。

　組織の仕事や企業経営はたくさんの要素を縦横無尽に張り巡らして展開できるのであり、単純に問題課題で言い尽くせるものではないが、一方で社会実装教育、中でもアントレプレナーの精神

を持ち様々な壁を克服する心を保持していれば、より早く対処できると言うことも合わせて申し添えたい。

　最後に筆者の経験から組織トップが求めるものは実はアントレプレナーシップであることを一つに事例として紹介しておこう。

11　組織のトップマネジメントが求めるもの

　筆者は現役時代に管理職登用の関門として、とある「特別研修」を受けたことがある。

　これはどんな研修かというと、関連する企業から管理職候補として選ばれた主任クラスの数十名が数ヶ月間研修をする。
　ほぼ1ヶ月に1度ほど集まり1週間ほど泊まり込みで研修を受ける。

　研修の内容は毎回違う工場を対象にその工場の専門性の講義を受け、その後6〜8人のグループで工場の現場に散らばり、その現場で起きている問題点を洗い出してそれを改善するためにグループ全員で検討し対策案を立て、結果を1週間の最終日に経営幹部へ報告して承認をもらうというスタイルである。

　これはこれまで述べてきた社会実装能力、中でもアントレプレナーシップ全てを全開状態で発揮する場面となる。

製造業の工程では様々な工程があり、工場ごとに分かれていたりするのでその工場の専門性やノウハウなどを最初の講義で学ぶ、これは則ち社会実装能力の専門性能力の部分だ。

　これによりその工場の専門的知識をある程度知り、工場のスタッフとして現場を観察できる能力を備えたものとして活動を始める。

　そしていよいよ生産現場に入って観察するのだが、これは則ちアントレプレナーシップの課題発見力だ。
　製造現場は通常は正常に動いており単なる工場見学程度では異常値は分からないものだ。

　しかし、自分の会社での専門性をバックボーンにし、教えられたその工場の専門的知識に照らし合わせて、つぶさに観察すれば色々な問題が発生していることが見えてくる。これが課題発見力である。

　これらの観察結果を持ち寄りグループ全員で共有し議論する。
　共有し、議論をみんなですると実は分からないことだらけになる。
　この分からないことだらけをクリアにするために全員で役割分担し現場に戻り、機械や工程の再調査、従事するスタッフへの聞き取り調査などをして起きている事実とその原因、裏付けなどの情報の収集、起きている実態のデータを把握する。

そして再びグループ全員でそれらの状況の共有と問題点の明確化を行い、対策の方向付けを探っていく。

　全く知らない者同士が初めて侃々諤々（カンカンガクガク）の議論をし、お互いに熱くなり人間性も分かってくる。

　これはすなわちアントレプレナーシップの他者理解力であり、そのうちに議論や行動をリードする人材もほぼ見えてくる。

　この作業では1週間はあっという間だ。

　連日夜まで議論をし、また再調査となれば夜動いている工程ならその夜に見に行くと言うことも何度も経験した。

　そして、明日は最終報告会となるとほぼ徹夜だ。

　最終報告会はこれまで各工場などに散らばっていた全チームが集まる。したがって評価される側の研修生は数十人。

　評価者は十人前後だが、各工場長クラス、執行役員などの経営者クラスで、日頃は雲の上のような方々である。

　そしていよいよ発表するが、発表はグループリーダー1人であっても、質疑に対しては全員で答えていく。

　発表内容は
　①その工場の現場で起きている問題の提起
　②問題の真の原因を追及し、正体を明確にすること
　③その問題を改善する対策、投資、回収期間などの事業性提案
　④問題から推定されるこの工場のありたい姿への課題提起

等となる。

この光景と似たものと感じるのはDCONの本審査場面。
真に同じような内容なのである。
おそらく社会実装教育フォーラムや各種のビジネスプランコンテストも同じであろう。

話を戻すと評価者はこの発表を通じ次期管理職候補者達を見極める。
その発表内容が的を得ている状態かどうか、発表者の資質、質疑を通して観察できるグループ内の研修生個人の資質などである。

この発表会は研修生も評価者も本当に真剣勝負であった。
研修生はなんとか次の管理職になりたいがためにアントレプレナーシップを全開にする。
評価者は次期管理職を見極めると同時にこの研修の機会を通じて一人でも多くの管理職候補者を育成しようと血なまこになるのである。

しかし、筆者も他の研修生も気づいていたが評価者が真剣になる理由が更に二つあったと思う。

一つは、評価者自身でも気づかない工場の実態と、問題がある場合の「問題発生の真の原因（だいたいはマネジメントの問題）」の把握である。

もう一つは工場の諸々の問題点から想起される工場や会社全体のありたい姿に対する課題の発見である。

　これは図7-15のように研修生に提案させる形にはなっているが、実は経営幹部にとっても、元来知っているはずの工場現場の状態の再認識の場となる。さらには逆に「自分が違っていたと認識した場合」は再度きっちり現場・現物・現実を把握する場としても、とても重要なものとなった。

　そして極めて重要なのは提起された（未知の）課題の把握や発見である。

図7-15

　この報告会を通じて、その場で共有された組織全体の課題が浮き彫りになった例はたくさんある。

筆者としてもこの経験は現役時代の最重要な経験となった。

　ある面でマネジメントの最高領域を学んだと思っており、今でも生涯を通じてすばらしい体験をしたと自負している。

　そしてその時に一緒に学んだ研修生は今でも親友である。

　話を「組織のトップマネジメントが求めるもの」に戻そう。

　組織のトップがその組織に求める人材は大きく分けると二つであろう。

　一つはその筋の専門家、つまり研究者、設計屋などの技術者、現場の製造のノウハウを知って製品を生み出す技能者、メンテナンス専門の保全マン、本社の経理マンなどの専門家である。

　もう一つはマネジャー、これはあらゆる部門にいて専門性もある程度持ちながら組織としてのマネジメントを推進してくれる人材で、先ほどの研修生の例に見るような問題解決力、他者理解力、事業性能力、課題発見力を備えている人材である。

　そして社長などのトップマネジメントはマネジャー群の最高の頂点に立つ。

　そこでは10.でも述べたように会社の日頃の問題処理の克服もあるが、社会正義なども包含した形での組織のありたい姿を追求し、常に進化し続けなければならない。

　このためには真の洞察力を持ち、世の中と自分の会社の課題発

見力をフル回転させながら事業性や従業員、顧客とのバランスを取った経営をしなければならない。

　詰まるところ組織の経営トップは専門性で裏打ちされた組織を率いるとともに、アントレプレナーシップによりバランスの取れたマネジメントを展開し、継続的な発展をさせることで自身の存在意義を示すのである。

　そして世の中の変化により良く対応するか、その先に行くのかを決断する時は「課題発見力」を発揮した上で、企業風土を熟知した「他者理解力」と生き残りか、更に発展するのかの「事業性」を示してみんなを引っ張るしかないのである。

　筆者個人は組織のトップに最終的に最も高いレベルで必要と思うのは「課題発見力」だと思っている。
　理由は「他者理解力」と「事業性」は副社長など周囲の経営陣とのチームワークで補完できるが、「課題発見力」はそうはいかない。

　なぜならば世間の流れ・世界の潮流を読む力、社会正義をも包含して自らの組織の課題を明確にすることは、最終的にひとりのトップのみができることであるからだ。

　「課題発見力」は短い単語になっているが筆者が第4章で定義したように「社会的課題を見つけ、自分たちの技術に結びつける発想と企画力」であり、企画つまり自分たちがどう動くのかを計画

する力まで含む。

　一般的な社会的課題はだれでも同じようなこと感じる。
　仕事をしているとその業界の社会的課題は従業員や経営陣は敏
感に感じることができるだろう。

　しかし感じたり気づいているだけではダメで、組織のトップが
やらなければならないのは自分の業界に、自分の組織に迫る社会
的課題をキチンと認識し、「自分事として捉え」それを乗り越え
るために「課題」として言葉に置き換えて明確にし、合わせて組
織が進むべき方向を「行動系のテーマ」として言葉・文字にしな
ければならない。
　ここまでがこの本で明確にする組織トップの課題発見力である。

　そして自組織に迫る課題を発見することと、それを明確化し行
動系のテーマまで言葉にして共有すると言うことは実は別物だ。

　「発見」が第1ハードルなら、「行動系のテーマ設定」は苦渋の
選択を伴うかも知れない更に高い第2のハードルである。
　なぜなら、行動に移すことを言葉に代えていくことはその組織
の方向性を決めることであり、そこには従業員や協力会社などの
取引先、顧客などに多大な影響を与える。

　したがって、「発見」から「行動系のテーマ設定」の間には
『本当にやってよいのか？　従業員を守れるか？　ユーザーを裏
切ることにならないか？　コンプライアンス上企業としてステー

タスは守れるか?』など多くの葛藤があり、その上で決めたことは英断にもなり得る。

　そこには人間の経済活動から生まれている「課題発見力」という無機質なビジネス用語ではなく、人としてどうするか、率いる従業員や顧客をどこに導くかという経済合理性を越える人間らしい温かみのある「精神性」が必要と思う。

　ここで付け加えると筆者はこの能力を「課題解決力」とはしなかった。

　この第7章の各シーンで出てきた「問題解決力」と整合するには「課題解決力」の方がよいが、筆者があえて『課題発見力』と"発見"と言う字句にした理由は、課題を発見する能力が人間個人としてはとても大切であると言う意図を込めている。

　課題を発見することは経験を通して体得する部分もあるが、もう一つの側面として素質というか人間的なセンスが求められると思う。
　課題の発見は最初に通らなければならない大きな関所なのだ。

　一方、経営者が本当に苦渋の選択をせざるを得ない場面は行動系のテーマを設定し、組織全体を向わせる部分であることにかわりはない。

　話を戻すと、組織のトップは常にこれら、つまり「問題解決力、

他者理解力、事業性能力、課題発見力」を求められているし、自分の配下にこのようなセンスを持つ人材を発掘し育成しようとしている。

　つまり、組織人のトップは自らもアントレプレナーシップを求められる一方、組織内の配下の者にもそれを求め、その中から育ってきたアントレプレナーシップ能力が高い者を次の後継者にしていくものだ。

第 8 章
社会実装の本質
―技術者諸君「現場で行き詰まったらここを読め!」―

01 課題発見、企画のノウハウ

　社会実装は第4章において筆者は次のように定義した。
「社会実装とは社会の諸々の問題や課題を解決するため、人の知識と技術を敷設（実装）し、その後も継続的に改善などの処置で効果の維持改善ができる仕組み」である。

　また、第4章で述べたが茅明子氏らの研究^(注4-4)において社会実装とは「問題解決のために必要な機能を具現化するため、人文学・社会科学・自然科学の知見を含む構成要素を、空間的・機能的・時間的に最適配置・接続することによりシステムを実体化する操作」と定義を試みているとした。
　この社会実装の活動場面についてもう少し踏み込んだ検討を行い、社会実装の本質を少し考えてみたい。

　社会実装自体は人類が文明と同時にやってきた行動であり何ら新しいことではないが、それを効果的・効率的にすることが「社会実装」という言葉をもたらしており、その実装過程の学術的確

立も研究の途上であり、ビジネスマネジメントの場面でも確立したものはない。

　そうした現状を前提にいくつかの提案や筆者の経験などからのノウハウを記述したい。

　まず社会実装の考え方や方法、具体的事例を解説した書籍がありこちらを紹介しよう。

　正式には「JST-RISTEX〔研究開発成果実装支援プログラム〕編　社会実装の手引き」2019年発行（巻末参考文献参照）であり、今後略称として「社会実装の手引き」と呼びたい。

　この「社会実装の手引き」ではこの社会的課題の発見から新しい方法での社会実装の完了までのサイクルを図8-1で紹介している。

　これはメタエンジニアリングと呼び、日本経済大学大学院教授である鈴木浩氏の提案である。

　ここで言う①潜在する課題の発見（Mining）、②必要領域の特定・育成（Exploring）、③領域の統合・融合（Converging）、④社会価値の創出と実装（Implementing）が主要サイクルである。

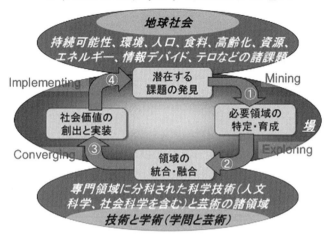

図8-1
https://meta-engineering.com/?page_id=17

　まず、①の課題を発見する最初の段階であるが「社会実装の手引き」では「問題の設計図」（図8-2）と称して次の提案も紹介している。

　図8-2は「災害」という一般的な社会的課題に対して、社会実装をしようと思うチームがどこの分野に参入の余地があるのかを検討している表と思ってほしい。

　一般的な災害についてまず短期的な変化か長期的なものかを分類し、横軸で自然的変化か人為的変化かを区別、そのマトリクス表内に災害の事例を記載し、既に現在ある対策を羅列してみる。
　その羅列した項目において、災害事例に対策がないものが自分たちのチームが取り組むべき課題の候補とするというものだ。

「災害」に対する社会課題への対応検討表

時間の経過	分類	自然的変化	人為的変化
短期的変化	事例	自然災害 （台風、地震、津波、鳥インフル、SARSなど）	犯罪、戦争行為、主義主張の社会的実験（マルクス主義の実験、IS国家の設立）、巨大人工物、システム障害、運転事故
	対応方法	自然災害テーマ1. 自然災害テーマ2. 自然災害テーマ3. 自然災害テーマ4.	人為災害テーマ1. 人為災害テーマ2. 人為災害テーマ3. 人為災害テーマ4. 人為災害テーマ5. 人為災害テーマ6.
長期的変化	事例	地球環境・自然環境の変化、土壌・山林などの自然荒廃、伝統文化喪失、過疎化地域の出現	自然破壊に伴う諸災害の出現、青少年犯罪の増大、人や社会の相互関係の希薄化による慣習の喪失
	対応方法	自然災害テーマ5. 自然災害テーマ6.	人為災害テーマ7. 人為災害テーマ8.

図8-2

　図8-2の事例では長期的対策に項目が少ないことから、長期的変化に対する課題対応がたくさんあるのではないかと導いている。

　図8-1も8-2もどちらかというと、ある広い課題領域に対し積極的に自分たちのチームに活躍の余地がある課題は何かを探る方法「1対多数」だが、実際にはこのような場合だけではないはずだ。

　つまり、ある特定の課題テーマが既に存在し、その課題を直接訴える人に面談を通じて対応を考えようという1対1の関係性にある場合だ。

　この場合は訴える人や事象の内容を、訴えられる側（対策チー

ム）にいかに共感を持って伝えるかが一つのポイントとなり、訴えられる対策チームはそれを解決もしくは緩和するために支援ができる手法を提案できるものを持っている必要がある。

　この時に重要になるのはこの対策チームの力量（知識や技術）が自分たちの力量のみではなく、周辺の知識や応用にまで幅広くネットワークを持っているかどうかと言うこともある。

　例えば高専生のチームであれば相談できる教授や教職員の存在であり、社会人チームであれば社内外のネットワークや大学・高専との連係などとなる。
　そして、いくつか対応方法がアイディアとして出たときはやはりその分類分けを図8-2と同様に実施し、実行可能性別に検討するとよいと思われる。

　実行可能性別の検討では自分たちの力量と周辺の力量も総動員して検討する。

　ここでは科学的工学的手法で解決を図る場面を想定し力量を知識や技術を駆使したシステムを開発する事例を考えてみよう。

　まず課題が生じている状態を計測してデータ化し傾向や原因を探ることになるが、ここでのハードルは先入観だ。
「既に計測方法が確立しているはずだ」とか「過去に計測しているようだが失敗している」という状態にあまりとらわれないことだ。

そもそも社会的課題として現存している状態はまず「計測できない」と言うことが一般的であり、計測技術さえないと思われることも多い。

　あるいは過去の計測の失敗は機器の計測精度レベルが低く、現在では十分耐えられるセンサーなどが開発されていると言うこともある。

　つまり、<u>社会実装では観察や計測の方法や手段を自ら考え出さなければならないことが多いのである。</u>

　取り組むチームはまっさらな気持ちで臨み、まずはやってくる計測・観察方法すら自分たちで編み出す気概でやってほしい。

　これは企業内での「問題解決手法」、「課題解決手法」でも同じことが言える。

　また、計測・観察方法を検討し実施する過程でその課題の「制御因子」が分かり、課題解決の糸口がつかめることもあると「社会実装の手引き」において述べられている。

　次に社会実装を具体的に進める方法についてであるが、「社会実装の手引き」では課題の解決に向かうためのやりやすい条件として次の項目を列記している。

①社会的にインパクトが大きい課題であること

②研究が終了段階にある

③提案している方法以外に類似のものがない

④または他の方法に比較して優れている

⑤明確な実装計画がある

　これはあくまでやりやすい条件で必須ではないが、自分たちの

実装計画がこの①から⑤に適合しているかどうかは事前にチェックし、少しでも漏れなどがないようにして進めばよりよいものにできるだろう。

この具体的適用方法は筆者として3. 決定分析で述べたい。

02 実装前のプロトタイプ実行時のノウハウ

次に実装に係わるテスト段階での行動だ。

これは元東京高専教授の浅野敬一氏（現大阪経済大学教授）の次の言葉を思い出してほしい。

「(社会実装の場面について) 常に知的ストックや研究活動と連携した試行錯誤、つまりテストとフィードバックを繰り返す必要があるとする。とく、実際に社会に導入することで得られるフィードバックは、新たな市場やコンセプトを導く等、重要な意味をもつ。このように、イノベーション・プロセスは、不確実なステップと『意味ある失敗』の連続であり、フィードバックと称されるものの実態は、失敗から得る知の蓄積といえる。『イノベーションは、本質的に、予測不能で経験的なもの』と認識することは、教育面でも重要と考えられる。」(注4-5)

社会実装における事前のテスト段階ではシステムが完成する前にプロトタイプ（試作品）などで現場においてうまくシステムが動くか確認をする作業が欠かせない。

このプロトタイプでの稼働の結果、うまくいかない点の修正や使う側つまりユーザーの理解と動作などを観察する。

特に重要なのは現場で取り扱うことになるユーザーの意見や行動だ。

　システムが完成して本格導入となればユーザーはそのシステムをずっと使うことになる。

　ユーザーはそのシステムが自分にとって使いやすいか、目的の効果を得られるかが最大の関心事項である。

　したがって、この段階での最大のポイントは相手ユーザーのシステムを扱うときの動作などの確認とユーザーの意見（気持ちも含む）のくみ取りだ。

　この点をやらずに無理やりシステムを完成させ現場に実装すると失敗するか、システム導入後あまり時間をおかずに使わなくなるかのどちらかとなる。

　浅野教授は正にこのことを言われているのであり、テストとフィードバックを繰り返すことが「意味ある失敗」でそれこそが知の集積と言われている。

「イノベーションは不確実なもので本質的に予測不可能で経験的なもの」と強調されている。

　つまり、最初から完成したシステムの導入があるのではなく、試行錯誤の末に導入可能なシステムに仕上がるというわけだ。

　社会実装に携わるものはこのことをしっかり心において試行錯誤の過程を軽視せずにじっくりと時間をかけ、ユーザーの言葉に耳を傾け取り組んでほしい。

この場面は筆者のアントレプレナーシップ能力においても、「ユーザーの立場で作り上げる行動と他者理解力」として紹介している。

　これは筆者が長年製造業の中で技術者として活動し、新しい技術や装置を現場に設置して使ってもらうときに常に心がけてきた行動基準だ。

　これは若い時代の失敗の上に体得した能力である。

　つまり、筆者が若い技術者時代には現場に導入する技術や装置について、現場を顧みずに導入したため使われなくなったシステムや装置もあったと言うことであり、そのような自分としてのいたらぬ行動や反省から必然的に体得したものだ。

　こうしたことは社会人としてはままあることだが、高専時代にそのようなことを経験し、現場やユーザーとの対話や使いやすいシステムへの作り込みがなされていれば無駄な費用や時間を費やすことはないわけである。

　このことは「社会実装の手引き」においても次のような言葉で対応方法があげられている（一部筆者が文脈を解釈している部分もある）。

▶現場ユーザーは「臨床の達人である」敬意を持って接し、「教えてやる的接し方」は最低の結果しかもたらさない

▶自分達がわかる専門用語はなるべく一般の人でも分かる平易な言葉に置き換えて話すこと

▶先ずは聞き手に徹せ、初めから話し手になるな

▶実装するシステムがユーザーの行動や日頃のルールをも変更

するときは十分な話し合い期間を持つこと。

▶実装する側、される側に分かれるときは話し合いの場を何度も持ち、される側の気持ちや状況をくみ取ること。ファシリテーター（中立的な仲裁者）を立て話し合いで生じた対立点をリスト化し、何度も粘り強く話し合い改善方法を提案し、それを星取り表で管理し意見の違いを少しずつ減らしていく方法をとること。このように粘り強い話し合いで共同の主観を形成していくこと

▶なかなか公式の会議で合意形成が出来ないときは、相手ユーザーの核になる人との個別の話し合い（廊下の立ち話など含む）で本音などを聞き、着陸地点を探る方法もある

　社会的課題発見後、対応方法を企画立案し、実際の実装の場面における最大のノウハウはこのプロトタイプでの実際のユーザーとの共同作業や対話によるプロトタイプの熟成であり、この時にいかにユーザーの意見や気持ちを聞き取るかが事の成否を分けると言ってもよい重要なポイントである。

03 決定分析……選ぶときのノウハウ

　これはマネジメント手法の単なるテクニックの話であるが、ビジネス書などであまり見かけないのでここで述べておきたい。
　いずれも筆者の勤めていた企業グループで実施していたTQM手法の中の一つの方法である。

①取りかかるテーマ選びの決定分析

　この手法はこれから取りかかる問題・課題に対して、どれを取り上げればよいかということを選択するときに自分やチームの考えを整理し、方向付けをするときに使う。

　取りかかる問題・課題をテーマ化し、その1テーマに対して、S：Serious重大性、U：Urgency緊急性、G：Growth拡大性の各ファクターを付け評価する。
　評価ポイントはH：High、M：Middle、L：Lowの3ランクとする。

　先ずは分かりやすくするために病気やけがの時で事例を示そう。
　自分は医者で目の前に3人の患者がいて、次のような状態だったとするときの採択の判断だ。

事例	患者の状態	S:重大性	U:緊急性	G:拡大性	採択
1	ナイフで誤って、指を切って血が出ている患者	L	M	L	
2	脳梗塞で運ばれてきた患者	H	H	H	○
3	今、糖尿病と診断したばかりの患者	H	L	H	

H:High、　　M:Middle、　　L:Low

図8-3

　病状をS、U、GのファクターにH、M、Lで評価し、自分としてどれを採択するかを決める。
　もっとも、この医者の場合は瞬時に判断するのでいちいちこのような決定分析はしないだろうが、ビジネスの現場ではどれを取り上げるかをチームで話し合ったり、状況を共有して採択すると

きに便利な手法である。

　重大性とはその事そのものがとても重大なことや事象などをいう。
　緊急性はそれを直ぐ処置すべきか、放っておけるかを判断する。
　拡大性はその事が徐々に大きくなり深刻になるかどうかを見る。

　H、M、Lの基準は絶対的なものはないので、その時のテーマの状態を自分たちの感覚で決めて良く、その後収れんすればよい。
　この章の図8-2においてどの対策を採択するかと言うときに、次の図8-4のような表を作り、S、U、GをH、M、Lで評価して、自分たちが対応する対策を決めればよい。

時間の経過	分類	自然的変化	S:重大性	U:緊急性	G:拡大性	採択
短期的変化	対応方法	自然災害テーマ１.	M	H	L	
		自然災害テーマ２.	H	M	H	1
		自然災害テーマ３.	L	M	H	
		自然災害テーマ４.	H	H	M	2

図8-4

　この場合、重大性で判断するのか、緊急性や拡大性で判断するのかはそのチームが置かれている立場を考慮して自分たちのテーマとしてふさわしいものを決定すればよい。
　あくまで自分たちのスタンスで考えれば良く、この表はそれを整理するためのものであり、後日他者に説明するための論拠ともなるものである。

先ほど、1．課題発見、企画のノウハウで出てきた「社会実装の手引き」のやりやすい①〜⑤の条件での見極めについては以下の様な図になる。

　図8-5のようにテーマ選びでSUGでやるか、①〜⑤でやるかはそのチームの取り組みスタンスによって違ってくるので、チーム内で議論し、決定すればよい。
　あるいはSUGで分類し、実行に当たって抜け漏れ防止として①〜⑤で確認を取っていくなど組み合わせる方法もあると思う。

時間の経過	分類	自然的変化	① 社会的インパクト大	② 研究は終了段階	③ 提案方法以外に類似がない	④ 他の方法に比し優れている	⑤ 明確な実装計画有り	採択
					③と④は択一			
短期的変化	対応方法	自然災害テーマ1．	L	H	H	ー	H	
		自然災害テーマ2．	H	H	H	ー	M	1
		自然災害テーマ3．	M	L	ー	M	M	
		自然災害テーマ4．	H	M	ー	H	M	2

H：High、M：Middle、L：Low

図8-5

　②対策などの行動を選択する決定分析
　次の決定分析手法は問題・課題を解決するための対策案を複数考え出して、その中からどれを優先的にやっていくかを決める方法についてである。

　例えば図8-2の中の自然災害テーマ2．が高潮被害対策だったとする。

これも①と同様に複数の対策案をリスト化し、効果、効率、実現性の三つのファクターを付けて評価する。

評価の尺度は1から10の点数（10に近いほどよい）とする。

自然災害テーマ2．高潮被害対策

案	対策内容	効果	効率	実現性	採択
1	波消しブロックの設置	3	2	5	
2	防波堤の設置	6	4	8	○
3	10棟全て転居	10	7	2	

図8-6

効果とは当初の目的により良く貢献できるかどうかのレベル値。効率はその対策を実施することがより早くできるかどうかの値。実現性は本当にその対策が実行可能かどうかの判断の値。

この場合は実現性を重く見つつ、効果と効率をにらみながら採択することになる。

おのおののレベル値は自分またはチーム内で一旦設定した上で、再度その内容の専門家に確認して効果効率実現性のレベル数字の精度を上げて、最終判断すれば良い。

③最終対策の抜け漏れを防ぐ確認分析

最後の事例は決定分析と言うより抜け漏れがないように確認するリストと考えてほしい。

筆者が製造業で働くエンジニアであった頃、問題などの対策を

実施した際には必ず求められた確認がある。

それはそのことが「QCD」で満足しているかどうかであった。

更に付け加えるとSQCDとも言われた。

S：Safety 安全、Q：Quality 品質、C：Cost コスト、D：Delivery 期限。

通常 S:Safety は絶対の条件であったので評価するファクターとはしなかったので、単に QCD としていることが多かったが、一般論としては SQCD で評価することがよいと思われる。

例えば前出の図8-6の高潮被害対策で防波堤の設置と同時に「AI高潮警報システム」の実装を推進したとする。

具体的対策として「防波堤の設置」「AI高潮警報システムの対象家庭への設置」「AI高潮警報システムの取り扱い説明会」とする。

これは防波堤を施工しAI高潮警報システムを各家庭に設置して、説明会を開き、実装作業を終了直前での抜け漏れがないかを確認し、不足している内容については対応策を明確にしている。

自然災害テーマ２．高潮被害対策の具体的対策

案	対策内容	S:安全	Q:品質	C:価格	D:期限	対応
1	防波堤の設置	○	○	△	○	市の災害対策予備費でカバー
2	AI高潮警報Sys設置	○	○	○	○	－
3	AI高潮警報Sys説明会	－	○	○	△	不在者２名に説明会後日実施

図8-7

以上、①②③として、テーマや対策案を選定するときの方法を示した。

これらはマネジメントの中で自分たちの意志決定の場面で考え方の整理であったり、チーム内で決定するための論拠などとなると同時に他者に対しても対応してきた経過や決定のプロセスを明確にする役割ももっており、対策全体の行動の経緯も残すことができる。

　マネジメントは様々な手法が開発されており、これまでに記述したことはほんの一部にすぎないので、社会人として様々な問題・課題を解決するためにセミナー（自分の会社のものも含む）やビジネス書で勉強すると同時に、業務で使ってみて身につけてほしい。

04 最強兵器はチームワークだ

　社会実装をする場合はたいていの場合チームワークでなされる。

　社会実装の実社会での場面でも高専の社会実装教育の他流試合でもそうである。

　これは作業が多岐に渡ることや技術面での専門性がいくつかに分かれその専門屋に業務を任せたり開発させたりするからだ。

　一人では社会実装をすることは難しい。

　それは一人の人間が全ての専門性を持ち、マネジメントまですることは限界があり、非効率でもあるからだ。

　例えば一つのモデルを考えてみよう。Ａ君は機会工学系で部品作りはお手の物で他の追従を許さない者であったとする。

　しかし、全体のマネジメントには関心がなかったり、口下手だったりする。

　一方Ｂ君は専門性については今一だが面倒見がよい。マネジメントもソコソコできる。

　またＣ君は化学系が得意で様々な材料とその応用の素材作成を得意としているがナイーブである。

　そうするとリーダーは面倒見がよいＢ君を中心に課題解決に向かうチーム作りをするのが常套手段であろう。

　これは簡単な例だが、社会実装はある面で未知の領域であり技術的にもマネジメント的にも相当な覚悟が必要なものである。

したがって、一人で全てをこなそうという考えは捨てて、専門屋に任せる勇気を根底に据え、場合によれば外部から専門屋を呼び寄せる行動も必要になる。

　高専時代に社会実装教育を受け〇△コンテストに出場した経験がある者がそのチームメンバーを主体に卒業後起業する例はたくさんある。
　それは学生時代のそのチームメンバーの専門性や人柄を知っているからだ。
　専門性とその人柄（弱みを含む）を踏まえたチームワークであり、高専時代の熟知されたそのチームワークは岩盤のように強固である。

　社会人となり、起業で社会実装する場合や組織で社会実装する場合も同様にメンバーを集めることが重要だ。専門性の強みを持つ者の集合体をつくり、その中からあなた自身かまたはリーダーとなる人を選定し活動を始めてほしい。
　その中でお互いの性格を知り補完する中でお互いをリスペクトする間柄になってほしいと思う。

　なぜならものごとを推進する場合のチームワーク作りは常に大切だが、この社会実装という作業は未知の領域に入るので困難なことがあり、逆境でも耐えられるチームが必ず必要になるからだ。

　お互いを励まし合い、リスペクトの上に業務を推進し、補完し合いながら社会実装をしていけば欠点・弱点と思えた性格も実は失

敗から得られる知識の蓄積によって、宝・ノウハウに生まれ変わる。

　そのような対応を取って、一つの社会実装を成し遂げればそのチームの強みになり生涯を通じた親友ともなるだろう。

　社会実装をチームでこなすことは実装と言うシステムを効率的に確立するだけにとどまらず、チームメンバーを生涯の親友とするチャンスを与えてくれる。

　1人の人間は弱いものだ。選択に当たっては揺れ動く場面があり、困難にあっては心がくじけそうになる。

　これは誰でもそうなのだ。

　過去の立派な偉人であれ、現代の大統領ですらそうである。

　しかし、お互いをリスペクトし信用できる仲間がいると様々な困難をクリアできる。

　どこからそのパワーが生まれるのかと思うほど、個人技では考えられない行動が生まれるものだ。

　仲間を信じ、実装作業を進めるなかで、相手が未知の世界、困難な作業であるだけにチームワークの真価が発揮される。

　社会実装の行動は最終的にはチームワークでその仕事が完成することになり、そのチームがなかったらその社会実装も出来なかったこととなる。

　社会実装の完成に当たってはチームワークこそが最強の力となるのである。

05 ことつくりについて

　筆者が執筆しているのは科学的工学的手法で社会的課題を解決するための高専の新しい教育についてである。

　したがって、社会実装と言っても「ものづくり」が主体的手段となる。

　しかし、「社会実装の手引き」ではものづくりだけでなく「ことつくり」にも同じ内容の展開法が適用できるとしている。

「ことつくり」とは「社会を動かし人が行動するために必要な規範、体制、仕組み」としている。

　つまり「ものづくり」がハードウエアなら「ことつくり」はソフトウエアである。

　ことつくりは広義のルールであったり、技術などハードウエアを伴わないルールのみの新設・変更を言っているが、高専の社会実装教育においてもハードウエア設置のみで解決するものはほとんどなく、何らかのルール設定や変更の中で、ことつくりのノウハウが生きてくる。

　社会的課題を解決（または緩和、支援）する社会実装の最後の局面はその仕組みの作動や稼働のルール設定である。

　このルール設定をことつくりとしてハードウエアの設定と同等の検討、改良を加え、ユーザーが日常的に無理のない対応ができ

るよう推進してほしい。

　このものづくりを通じたルール設定などを経験し、これを改めて「ことつくり」と認知してレビュー（反省と評価）しておけば、最近注目を集めているソフトウエアだけの仕組み作りである「ことつくり」もできる人材やチームになったと言えよう。

　尚、「社会実装の手引き」においてはこのことつくりに係わるいくつかのノウハウも示しているが本書では省略する。

　関心がある方は次の書籍を参照していただきたい。
『社会実装の手引き』（巻末参考文献参照）

第**3**部

高専の最近の話題など

第9章は今後の高専の進化の予想、
第10章ではいくつかの話題に加え、
知られざる「高専卒業者の年収（大卒対比）」にも言及します。

意外に見逃せませんよ。

第9章
高専教育の展望

01 個人が展望を述べる立場ではないが……

　高専は60年の歴史を持ちながら世間的にはどちらかというと影の存在であったし、今後もそうかも知れない。

　しかし、昨今いろいろなメディアで取り上げられ一般の方にも認知度が上がってきているように思う。

　一方で理工系高等教育へ進む若者が激減しているという状況や少子化の影響で、ますます理工系学部の人数は減っていることもあり、絶対数として「高専」に進学を希望する人間が減っている。

　こうした中でこの本書がどこまで理工系小中学生を誘い、高専生や若き技術者の参考になるかは未知数だが終りに向う章として、今後の高専教育で筆者として関心の高い分野において展望を述べてみたい。

　これはなるべく事実に基づいた情報による個人としての展望であり、個人の希望も含まれているがあくまで私見であることを前

提で読んでほしい。

02 社会実装教育

まず最初に取り上げるのは言うまでもない。社会実装教育だ。

この社会実装教育は間違いなく高専教育の大きな基軸になる。
車で言えば両輪。左が各種専門教育であり、右はアントレプレナーシップ教育と言ってもよい。

なぜそれを筆者が言い切るかというと国が切望しているからだ。
政府の教育関連の課題はもちろん多岐に渡るので高専だけがクローズアップされているわけではない。
例えば教師不足、大学改革、受験偏重対策などいずれも頭が痛いものばかりだ。

しかし、昨今静かに進み始め年々予算拡大しているのが高等教育機関への予算配分で「スタートアップ」関連予算。
これは既に記述したが大学や高専から出発する「起業するマインド」を後押しする予算である。

高専のみで見ると2022年度第2次補正予算でスタートアップ教育環境整備事業という名称で60億円をも拠出され、全57高専で1校当り約1億6百万円が予算化され、各高専が実施計画を作成して申請、認可されて使用できるもので、ほぼ全高専が申請し

たとみられる。

　この第2次補正予算は期中であったこともあり、2023年度も引き続き使用できるもので、本書の執筆中も全国で着々と環境整備が進んでいることになる。

　内容は社会実装教育の中で、アントレプレナーシップ教育をするための教育環境整備費用としており、具体的には「アクティブラーニング設備」、「試作用装置」、「材料・活動費など」となっている。
　この活動費には人件費も含まれる。

　2023年度の高専への予算は全体的な予算として628億円が計上されているが、これは前年度に対し3億円増額されている。
　このように高専教育に対する期待は大きく、国の予算配分にもそのことが現れている。

　今、日本政府は技術者不足に悩まされるようになってきており、この手当が最優先であるが、次の手としていろいろな課題を起業する人材やそのマインドを持つ技術者に解決してもらおうと国が予算を強化しはじめたのである。

　そして、全国の国立高専の総元締め高専機構のトップである理事長の谷口功氏が「教育方針として重視しているのは？」という問いに「社会実装」と、いの一番に言及されている。
　谷口理事長が言われるのは「高専はものづくり、プログラミン

グなど様々な専門性を自分の中で統合できる知識と経験を積める学校種だが、大学生にはそれができない。大学はどちらかというと学部ごとにコース（専門性）が分かれ統合が難しい」とのこと。
（記事：『日経コンピュータ』2022年4月28日発行　インタビュー）

　つまり、高専は専門性に加えそれを活かすための技術や仕事の仕方を卒業までの中で自然に身につけられると言うことだ。
　言い換えると、社会人としての仕事ができる総合的な「人間力」を卒業時には身につけていると言うわけである。

　もう一つ高専機構はこの社会実装教育に本腰を入れ始めたという証拠を示そう。

　高専機構はこの60周年となる2022年度に「高専研究国際シンポジウム（KRIS）」を事業として始めた。
　これは工学分野における国際的な研究発表の場として、国内外の大学・研究機関から広く発表者を募集し、学術交流を推進するため高専機構自らが主催する国際シンポジウムであり、第1回目を2023年3月1日〜2日で開催した。

　このKRISは通常の高専の「学術研究」もあるが、高専が得意とする「社会実装研究」にもう一つの軸足を置いて発表テーマとすることになっている。

　筆者も「社会実装研究」を軸足とするという記事を見たときには驚いた。

大学でも社会実装を研究や教育のテーマにしていることはない
ことはないがあくまで個別の活動であり、まとめた発表の場をシン
ポジウムとしてやろうというのは高等教育機関としては初である。
　なおかつ社会実装研究を海外に向けて発信する目的も担ってい
る。

　このように日本政府が危機感を持ち、政策を発表し、予算を付
け、高専機構が本気で取り組みはじめ、全国にある高専群が活動
を活性化すれば、社会に対してその影響は計り知れない。
　さらに他の学校種と違うのは、高等教育機関でありながら全国
に62もの国公私立のキャンパスを持っていることだ。

　高専はこれだけを見てもすごい存在だが、それに加えて、従来
から高専間のライバル心も強かった。
　筆者が高専生の頃は学業よりスポーツの高専大会で全国の覇者
になることが学校の重大関心事であり学生もそう感じていたが、現
在はスポーツも当然だが各種コンテストが重要な場となっている。

　このお互いをライバル視しながら切磋琢磨する文化が高専であ
り、その文化の象徴が各種のコンテストとなって花開いている。

　今はライバル心だけではない。全国高専がネットワークで結ば
れている。
　コンテストの前ではさすがに自分たちの動きは丸秘であるが、
終われば情報を共有し、同じコンテストを戦った高専生が交流を
深められる環境である。

こうしたことからも社会実装教育の定着と発展は火を見るより明らかであろう。

　ただ、こうした華々しい話題は豊富だが、現実はバラ色の世界と言うばかりではない。

　筆者には、問題が二つほど思い浮かぶ。
　先ず、第1番目に全国高専においての社会実装教育の温度差である。

　社会実装教育の二つの側面である「専門性教育」と「アントレプレナーシップ教育」について、専門性教育は基本の高専教育でできるが、アントレプレナーシップ教育を正式な授業科目として制度化できているところは少ない（長岡高専はかなり制度化が進んでいる）。

　文科省の予算がスタートアップで付き始めたとは言え、本来の正規の専門教育への予算ではないので使い方が難しい。
　2022年度第2次補正予算60億円の様に、先ずはハードウエアをそろえたりして格好は整えられるが、ソフトウエアとしてのアントレプレナーの気持ちを育む環境作りはどのように進めるのか？
　取り分け事業性まで指導する教員の確保はどうするのだろうか。

　アントレプレナーシップは「課題発見力」、「他者理解力」、「事業性能力」と定義したが、課題発見力は研究者教員の方や地域共

同テクノセンターへのテーマ持ち込みで課題認識を進めているのが現状なので問題はないと思われるが、2番目の他者理解力からは怪しくなっていく、そして事業性教育は工学系教育を標榜する高専教育ではかなり難しい。

　DCONでも最終的な事業性は各チームにアドバイザーとしてつく「メンター」と呼ばれるアドバイザーが選考課程を通じてチームを育成することが多い。

　そしてこのアントレプレナーシップを正規の授業として採用している高専でさえ、学生が実際に習熟するのは課外活動がベースである。
　これはアントレプレナーシップが「授業として与えて獲得するものではなく」、「自らの行動と思考で獲得する」という性格によるものであるから、必然とも言えるが難しい代物である。

　この指導教員がいないというのが学校側としては最大の問題かも知れない。
　これは筆者が思う第2番目の問題だ。

　このようにアントレプレナーシップ教育に対する温度差、指導教員の有無は各高専でかなり違っているのが現状だ。

　ただこれは筆者自身の取り越し苦労かも知れない。
　なぜかというとアントレプレナーシップ教育は事業性を別にして、既に「各高専は出来ている」とも考えられるからだ。

具体的には実験実習を通じた５年間の一貫教育、出前授業や地域での産学共同研究、寮生活やクラブ活動を通じたキャンパスライフでの人間力育成など既にアントレプレナーシップをベースとして育む環境があり、実際に育まれており、そしてこの文化は全国高専の全ての学校で間違いなく根付いている現実があるからだ。

　各高専の社会実装教育に対する温度差と言うことではアントレプレナーシップ教育をしているか、していないかで濃淡を分けると間違ってしまう可能性がある。
　各学校が「自分たちはアントレプレナーシップ教育をしていない」と組織として認識していても、それは間違いなのだ。

　実際は現実に全高専が前述の文化の中にあるので、気がついていないだけの事である。
　したがって、既に出来ているのでそれを明確にし、可視化すればよいだけかも知れない。
　アントレプレナーシップ教育はその上に乗るだけかも知れないのだ。

　筆者も全国高専のホームページを眺めながら社会実装教育やアントレプレナーシップ教育を検索ワードとして見たが、そこには濃淡はあるが、それを自覚せず可視化していないだけのように思えた。

　そしてアントレプレナーシップを育成する指導教員の点も解消しつつあるように思う。

既に事業性まで教育できる高専もいくつかあるが、多くは苦戦している現状の中で、2023年度から高専機構は次のような仕掛けを実行し始めた。

　これは入江英也氏というアントレプレナーシップ教育を得意とする教授の派遣である。

　入江氏は筆者の尊敬する知人でもあり、この本を書こうと思ったきっかけの人物でもある。

　入江氏は高専初のクロスアポイントメント制度（民間企業人でありながら高専でも教鞭をとれる教授や准教授になれる制度）によって佐世保高専に採用され、EDGEキャリアセンターでアントレプレナーシップを実際に育成指導された人材である。

　入江氏は実際に自分の会社を2023年3月まで社長として経営されていたが、EDGEキャリアセンターが軌道に乗ったこの2023年3月末で佐世保高専を退官され、社長職も後任に譲られ現在熊本大学の特任教授となられたが、その他に熊本高専の特命客員教授、神山まるごと高専の准教授ともなられて、現在多彩な顔を持っている。

　それに加えて、全国の高専からアントレプレナーシップ教育や地域産業興しを要請され全国を飛び回る教員となられた。

　したがって、全国高専からお呼びがかかり、アントレプレナーシップを教育し、無自覚であった社会実装教育を可視化していく体制が整いつつある。

　入江氏は社長職としてのネットワークや全国高専のアントレプ

レナーシップ関係教職員とのネットワークをお持ちで、これから
もこのネットワークは拡大するので高専の社会実装教育は間違い
なくパワーアップする。

　筆者の予想では入江氏の活躍も期待できるが、1人では全国高
専からの要請に応えるのは限界があるので、おそらく高専機構は
今後入江氏のような人材の複数確保や各高専内でのアントレプレ
ナーシップ教育専門職の人材を増やすであろう。

　いずれにしても社会実装教育の将来は明るく、これまで自覚し
てこなかった高専文化の可視化と同時に実際のアントレプレナー
シップ教育の実現が全国高専で進もうとしている。

　ただ、各地の高専によっては、上記の無自覚であるという現実
もあるが、実際の社会実装教育への濃淡や社会実装取り組み分野
の得意不得意は現にある。
　本書を読んでいる方で受験生関係者、かつ社会実装教育に関心
がある方は、受けようと思う高専のホームページ等で社会実装教
育の充実ぶりと社会実装の得意な分野を確認して受験してほしい。

　ある面で全国の高専は「社会実装教育」を社会実装中という局
面にあるので、全体として開発途上でもあると理解してほしい。
　ポジティブに見れば、その分面白さやダイナミックな変化に富
むが、学生自身が「うまく経験できなかった」ということにもな
りかねないので十分事前に検討してほしい。

こうした現状の中では、高専機構のリーダーシップと適切かつタイムリーな支援が望まれることである。

03　GEAR5.0とCOMPASS5.0

　次にGEAR5.0とCOMPASS5.0を少し考えてみよう。
　これは第3章でも述べたがとても魅力がある高専教育の高度化プロジェクトだ。
　このプロジェクトでは専門の研究と同時にその研究過程や結果を教育カリキュラムに落とし込んで全国高専へ波及させるというとてもダイナミックな活動をしている。
　第3章でも触れたが、活動分野はGEAR5.0で下記の5分野。

①マテリアル分野（拠点校：鈴鹿高専）

②介護・医工分野（拠点校：熊本高専）

③防災・減災・防疫分野の[防疫領域]（拠点校：沖縄高専）

④防災・減災・防疫分野の[エネルギー領域]（拠点校：奈良高専）

⑤農林水産分野（拠点校：鳥羽商船高専）

⑥エネルギー・環境分野（拠点校：佐世保高専）

　このGEARは第一線で具体的な社会活動を実行していくようなプロジェクトとなっており、言わば社会実装の最前線分野である。

　一方、COMPASS5.0で下記の5分野。

①AI・数理データ分野（拠点校：旭川高専、富山高専）

②サイバーセキュリティー分野（拠点校：木更津高専、高知高専）

③ロボット分野（拠点校：東京高専、北九州高専）

④IoT分野（拠点校：仙台高専、広島商船高専）

⑤半導体分野（拠点校：熊本高専、佐世保高専）

　このCOMPASSはGEARと違い、科学・工学的な基礎的技術を確立することを目的としており、社会実装という段階から見ると一つ二つ手前の各技術を完成させようという領域である。

　しかし、この両者は相互依存する。

　言わばプロジェクトの川上がCOMPASSで川下がGEARだ。

　つまり、COMPASSで開発された基礎技術はCOMPASS内でも

共用され相互に影響し合うが、結果GEAR領域でも利活用される。

　また、GEARで利活用された結果のノウハウや改善事項は
COMPASSの各領域にフィードバックされる。

　これらの領域はどれをとっても将来の日本に必要不可欠な分野
で、その中の活動もすべてワクワクするような内容に富んでいる。

　例えば現在旬でもあるCOMPASSの半導体を考えてみよう。

　半導体は「産業の米」と言われる、なくてはならないもので、
その産業は今後も経済安全保障の観点からも重要であり、政府も
並々ならぬ力の入れ様は皆さんもご存じのはずだ。

　半導体に関する過去の日本技術の凋落が決定的となった今日、
TSMCが熊本に工場を建てるということを起爆剤として国を挙げ
て巻き返し行動が起きた。

　今や熊本・佐世保を結ぶ一帯を、そして九州全体を「日本のシ
リコンバレー」にしようという構想が膨らんでいる。

　半導体の技術者は今後も毎年1000人ずつ不足していく（九州
経済産業局の2023年以降10年間の予想）と言われ、その地域の
高専や大学に人材育成の白羽の矢が立っている。

　そうしたことを背景に2022年度に熊本・佐世保両高専に半導
体の専門科目を新設して人材育成を急遽始めている。

　執筆中の2023年8月に北海道と熊本県が協定を締結したとい

うニュースが飛び込んできた。

「半導体関連国家プロジェクト推進に関する連携協定」とのことだ。

　北海道の千歳市にはラピダスが工場を建てることが決まっており、北海道も半導体産業の一大拠点として名乗りを上げている。

　ラピダスは国策会社とも言われ、日本として半導体起死回生の最後の賭けとも言われる。

　そして続く９月上旬にはこの動きを受けて、旭川、釧路、苫小牧、函館の４高専が2024年度に半導体人材を育成する新科目を共同で設置すると記者会見を開いて発表した。

　今はCOMPASS半導体の拠点校は熊本と佐世保であり、実践校は九州内の他の高専となっているが、2024年度にはCOMPASSの拠点校や実践校に北海道の各高専が名乗り出るであろう。

　このようにとても動きが激しい事態となっているが、それだけ必要性が緊迫しており、ダイナミックな変化が起きているとても魅力ある分野だと思う。

　ただ、このGEARとCOMPASSの各事業もバラ色ではない。

　高専と高専機構の事業計画は５カ年計画をひとかたまりとして中期計画としており、今は2019年４月から始まった第４次中期計画（略称：４中と呼称しよう）と呼ばれ2024年３月末に終わることになっている。

この4中にGEARやCOMPASSの仕組みを作って全国に展開しようとしており、2023年度が終了なのでこの本の執筆段階ではあと半年ほどを残している。

　そうした中でGEARとCOMPASSを見てみると、各分野はそれぞれがとても魅力あふれるものであり、現段階ではほぼどの分野でも活性化され活動が高度になされ、その結果の果実である教育カリキュラムへの反映も着々と進められている。

　しかし、見るところこの4中は言わばスタートで、活動は小ぶりなグループ内で展開し、定着させるという範疇ではないだろうか。

　全国へ展開するという段階までは至っていない。

　現在、GEARでは拠点校と協力校の数校以内の連携が主である。
　COMPASSも拠点校と各技術に強みやニーズがある数校の中での取り組みとなっている。

　4中の最終2023年度は追い込みをかけるとしても、研究の高度化対応、その教育カリキュラムの定着は現在の数校の範囲以内にとどまるのではないかと推定する。

　執筆している2023年9月は文科省指揮の下、第5次中期計画（略称：5中と呼称しよう）の計画策定中と思われるがGEARとCOMPASS事業をどう発展させるのか？

　GEARとCOMPASSで10分野あるものを全ての高専に反映さ

せるのはたぶん無理ではないかと筆者は思う。

　教員や学校側の設備の問題もある。
　これまでも全国の高専はそれぞれの強みや持ち味を発揮しながらそれぞれの地域で存在感を増し、地域社会や産業界に貢献してきた。
　この路線は将来にも継承されるだろうし、この個別の特色が各高専の良さでもある。

　この高専の教育高度化分野で全国的に必ず必要で「面」として広げるべきは「AI・数理データ」「サイバーセキュリティー」「IoT」などではないだろうか？
　これらは共通のカリキュラム・教材で実施すべきと思われる。
　そして、方法はWebシステムでの教育体制などとなるだろう。

　こうした必須の教育以外の領域は拠点校と協力校でノウハウを蓄積し、ニーズのある高専に広げるという展開を筆者自身は予想する。

　そしてハードウエア含め専門性の高い分野は学校別のノウハウ（専門教職員や実験・分析機器）として「その地」にあるので、人がその地に赴くしかない。
　つまり、自分自身をその専門分野で磨きたい学生や教員は転校して、その高専で学ぶような体制を整えたらどうだろうか？
　そのような体制が目に浮かぶ。

ただこれも転校・転勤という従来型の仕事を筆者は想像するが執筆の2023年から5年ほどまでで、10年先は分からない。

　技術革新によりこのような専門教育も「メタバース」環境の中でなされる可能性がある。

　つまり、勉強したい本人は現在の居住地にいながら遠方の目的とする高専の授業や実験実習を、メタバース用ゴーグルを両目に装着して相手の高専の講義室や実験棟に「居る」状態で学習するのだ。

　そのような風景が10年以内には訪れると思われる。

　折しも、「未来技術をリードする高専発！　Society5.0型未来技術人財育成事業」とし、サイバー空間（仮想空間）とフィジカル空間（現実空間）を高度に融合させた社会システムにより経済発展と社会的課題の解決を両立する未来社会を牽引するのがGEAR5.0とCOMPASS5.0であるから、このメタバースのような取り組みでの教育方式はいの一番に達成されるべき形態と思われる。

　次に言及しておきたいのは、この教育の高度化の仕組みでは重要なキーマンの体制のことである。

　体制上、核となる人がGEARではKRA（KOSEN Research Administrator）、COMPASSではKEA（KOSEN Education Administrator）と呼ばれる高専機構指揮下の職員の方のことだ。

　今現在、このKRA/KEAは活動を活発化されており、技術の開

発場面への関わりの他、関連企業・団体との連絡・交渉、分野の中での教育資材開発、各高専とのネットワーク推進・情報共有化などを担っている。

　この方々がGEARとCOMPASS事業のキーマンであり、各関連の組織間を取り持つコーディネーターである。

　5中では面として全面的に拡大する分野、あるいはニーズのあるところ優先で拡大する分野といずれにしてもダイナミックに拡大する。

　もし、このGEARやCOMPASSの内容に魅力を感じて受験を目指す方がいたら、やはり現在の拠点校や協力校を受験して入学されることをお勧めする。

　諸般の事情により目標の拠点校や協力校でない高専に入学した場合は途中転校や専攻科進学時に専門性の高い高専への転校を選択すると言うこともあるかも知れない。

　あるいは近未来として「メタバースで教育環境を整えました」となるかも知れない。

　高専機構はGEARとCOMPASSは各高専に任せている事業とは違い、どちらかというと機構指導の下にこの二つの事業は動いているようだ。

　各高専のそれぞれの分野での活性化と活躍を期待するが、やは

り活性化・ネットワーク化・高度化・教育カリキュラム化のキー
を握るのはキーマンであるKRA/KEAの方々であろう。

　機構にはKRA/KEAの活動支援や全国高専への指揮を期待した
い。

　いずれにせよ、5中がどう展開されるか楽しみである。

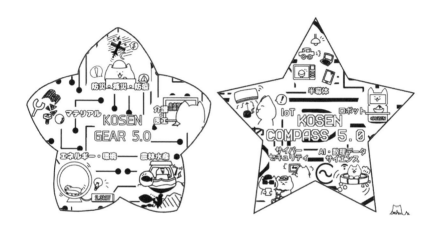

04　KOSENの「輸出」とグローバル化

　最後に記述する話題はKOSENの輸出とグローバル化だ。

　これも昨今話題が増え、展開がスピードアップしてきている。

　高専の輸出というのは、「中学卒業後の青少年に5年間の工学
教育を実験・実習を基軸としながら教育する教育制度」を海外の
学校にも作ろうと言うことである。

技術立国を果たした日本の優れた教育制度と言うことで特にアジア各国から要請され、日本型高専教育制度がKOSENとして現地で開校している。

　本格的に日本型高専教育システムとして開校したのは、タイの国内において2019年5月開校のKOSEN-KMITLと2020年6月開校のKOSEN-KMUTTである。
　このタイのKOSENには日本の高専教員を派遣して、現地教員の指導・研修を実施しているほか、日本の各高専と連携して日本へのタイの高専学生の受け入れや教材作成支援などをしている。

　補足説明しておくと、モンゴルにも既に3校のKOSENがあるが、これらは日本主導ではなく、モンゴル人で過去に日本の高専を卒業した方々の尽力により2014年にモンゴル内に設立されたものである。
　海外のKOSENとしては最古参、大先輩である。

　こうした経緯もあるが、現在日本の各高専と高専機構は以下の国の工学教育で高専教育に準じた技術者教育の高度化を支援している。

　▶モンゴル：3校（協力支援幹事校：苫小牧高専、協力支援校：八戸、福島、木更津、長岡、石川、明石、徳山、佐世保、都城　各高専）

　▶タイ：前述の2校の他、タイ国内の二つのテクニカルカレッ

ジにおいて５年一貫の技術者教育コースの高度化を支援中（協力支援幹事校：長野高専、協力支援校：八戸、小山、木更津、石川、熊本、沖縄　各高専）

▶ベトナム：ベトナム国内の三つの工業短期大学の教育の高度化を支援中（協力支援幹事校：宇部高専、協力支援校：函館、鶴岡、岐阜、有明　各高専）

　日本の高専教育は日本の技術立国をさせた優れた教育制度とは言え海外に移植するのは容易ではない。
　これは技術教育という側面は一緒であっても、前段の国民文化の違いや教育に対する認識や環境の違いがあるからである。
　いきなり日本の教育システムを「持って行って直ぐに」とはできないものだ。

　そのため高専機構では2012年にタイ、2016年にモンゴル、2017年にベトナムの大学や政府機関にリエゾンオフィス（現地で教育制度移転などの支援を行う組織）を設置して、教育ニーズの具体的把握やその地の文化、習慣、国民性からもっとも適切に導入をする体制作りを推進してきた。

　言わば、高専教育システムの海外への社会実装の初期段階の仕掛けであり、タイで開校した２校は海外での日本主導初のKOSEN社会実装校である。

　KOSENの輸出をするのは高専機構だ。

全国の高専は教育や教材提供などの協力はするが、あくまで脇役にすぎず輸出の実務は組織として高専機構である。

　今や高専機構の業務の中でこの輸出の段取りはかなりの比重を占めているようだ。

　こうした政府の後押しを受けて輸出を推進している高専機構の今後の動きはおそらく、現在支援しているタイ、ベトナムの技術教育の高度化を図っている学校の日本型教育システムKOSENへの移行ではないだろうか。

　2024年度から始まる第5次中期計画（2024/4〜2029/3）においては何校かKOSENへ移行するのではないかと思われる。

　更に7月の新聞において「高専に熱視線」と題した記事ではグローバルサウスと呼ばれる国々が注目をしているとし、エジプトやウズベキスタンの政府関係者が高専を視察し、導入時の支援を要請していると報じている。

　こうして様々な国が日本の高専教育システムを高評価しており、益々KOSENの輸出は続くであろう。

　次はどこにKOSENは設立されるのか、勝手な想像がふくらむ。

　一方、グローバル化と言うことでは1990年頃からアジアを中心に留学生を受け入れてきており、近年は51高専で400〜500名規模となっている。

　ほぼ各高専に10名ほどが本科、専攻科の7年間の中に留学生が点在していることになる。

2023年度の実績では4割強は日本政府が奨学金を出す「日本国費留学生」であり、5割強が元の国の政府から派遣される「海外の政府派遣留学生」であるほか、2〜3％レベルで「私費留学生」もいる。
（詳しくは高専機構の広報誌の国際化の欄をご覧いただきたい）

　加えて日本人学生がグローバル化に対応する仕組みもいくつかある。
①グローバルエンジニア育成事業
　　グローバルに活躍できる技術者を育成するために、外国人教員による英語授業、海外留学、インターンシップなどの国際交流プログラムを推進し、国際化に取り組む
②ISTS（International Seminar on Technology for Sustainability）
　　高専生の英語コミュニケーション能力向上、グローバルリーダーシップ育成、国際感覚の涵養を目的として、海外で実施する学生主体の国際セミナー
③高専生の海外活動支援事業
　　将来、グローバルに活躍するエンジニアに求められる知識、スキル、経験を豊かに伸長させるために海外での学生の活動を支援する事業
④トビタテ！　留学JAPAN
　　文科省が2013年より始めた意欲と能力のある日本の若者（高専生だけではない）が海外留学に踏み出す気運を醸成することを目的としたキャンペーン。2023年時点で高専生は延べ463名の学生が採択されている

また、教職員のグローバル化のための取り組みもある。

⑤ISATE（International Symposium on Advances in Technology Education）

高専機構が包括的学術交流協定を結んでいるシンガポール、香港、タイ、フィンランド等にある教育機関の教職員と科学・技術及び工学の教育に関する議論や情報交換をすることにより、総合的・多角的視点から実践的技術者育成の発展を目指す国際会議

⑥在外研究員制度

先進的な研究や優れた教育実践に参画する機会を増やすため、教職員を海外の教育機関等に派遣する制度

⑦グローバル職員研修

高専のオンキャンパスの国際化推進を担う職員を育成するため、オンライン研修、海外実施事業でのOJT研修及び、英語による成果報告等からなる研修

このようにKOSENの輸出から海外留学生、国内学生の留学支援、教職員のグローバル化対応など多彩な取り組みにより高専のグローバル化を推進している。

こちらも全国高専で推進されているが、幹事校や支援校としての実施内容の濃さであったり、ノウハウの違いがありそうなので、受験生のご両親でグローバル環境を充実させたいのであれば、その中身を良く情報収集され高専選びをしていただきたいと思う。

第10章でも述べるが、正直高専生の英語コミュニケーション

力は平均として弱い。

　これは世の中の評価であるし、筆者自身もそう思っている。

　しかし、グローバル化は避けられず高専卒業後は更にその機会が多く、かつ実務として訪れる。

　高専機構はKOSENを輸出することを加速するだろうし、国内の高専のグローバル化対応施策、支援も充実していく。

　したがって、より積極的にグローバル化に対応する人材を育成しているかという観点からも、自分の希望に合う高専を見つけてそこに身を投じた方がよいと思う。

第 **10** 章

余 談

　この章では高専教育について外部から見た話題などを提供したいと思う。

01 「高専化」を意識する大学

　一般に大学工学部と高専は研究者や技術者を輩出する高等教育機関とされている。

　ここで、研究者は「自然現象を含む様々な出来事について人類の知見をベースに調査・観察・実験により考察し、そのことについて深く追求する者」とされる。

　一方、技術者は「理論を元に実験などを経由しながらある目標を達成するために設計・製作をする者」と言われている。

　世の中では研究者が上位概念で技術者がその下というのが一般的な認識であろう。

　大学工学部では人材輩出としては研究者と技術者となっており、高専の場合は技術者の輩出を目的にしているのが一般的だ。

近年、大学が高専の教育制度について自分の大学にも取り込みたいとする活動がなされている。

　一番よい例は国立、私立を問わず大学工学部が高専卒業生を3年次編入という形で受け入れ、高専の専攻科修了生を大学院生として入れるという動きが益々加速しているという事実がそのことを物語っている。

　それはなぜか？

　多くの大学の教授や識者が言うのが「旧来の大学生は理論理屈ばかりで、物事が進まん。高専生は手が動くので、ことが進む」と言うことだ。

　この評価は本当に高等教育機関のあらゆるところから聞かれ、先日もNHKのDCON紹介番組で松尾豊氏（東京大学大学院教授で日本ディープラーニング協会理事長）が明言したことには驚いた。

　曰く「大学生は口ばっかり、色々言うけどやらない人が多い。高専生はあんまり言わないが、必ず手が動く。」

　これはつまり、高専教育制度の「実験実習」を基軸としているところにその答えがある。

　大学工学部はもちろん優れた実験設備、分析装置をそろえてはいるが教育の側面では理論を中心に学びを得る場となっている。

高専の場合は優れた実験設備、分析装置も同じように揃っている上理論と同時に必ず実験実習をやって自分で確かめるという言わば体に染みこませる活動を行うことが大きな違いだ。

　しかも、高専は本科で5年間この習慣を身につけさせると同時に実験の資材でさえ自分たちで選び、購入するという入り口から行動させる。

　このような行動パターンを体得している人材を大学が欲しがる訳は大学工学部の活性化だ。

　理論理屈ばかりで何も進まんところに高専出身者の編入生などを入れ「ことを進める起爆剤にする作戦」である。

　研究チームが5人で、1人でも高専出身者がいるとその1人の影響でものごとが進むと同時に他の4人が「こう言う行動をすればよいんだ」と気づき学ぶというわけだ。

　おそらく次のような場面であろう。

　旧来の大学生は「この部材をほしいけどどこで手に入れたらよいのかな？」と言うのに対し高専出身の大学生は「それは秋葉原のどこそこで売ってるよ。○×円ぐらいかな。でもこの出っ張りが邪魔だから、買ってきたら僕が旋盤で削ってあげるよ」と言う具合に1から10まで手配できる人材に育っているのだ。

　大学工学部では研究者にしても技術者にしても社会が求める人材を効率よく輩出しなければならない使命がある。

　そのような中、従来は高専を意識していなかった大学が、日本の教育制度の中で大学とは対極にある高専教育が産業界で大きな

評価を受ける理由に着目し、そのよい点を自分たちの学内にも体質として取り入れたいと思い始めたのである。

　今後もこの大学3年次編入と専攻科修了生の大学院進学への道はますます加速するだろう。

02　静かなる「高専卒」ブランドの伸長

「高専」、「高専卒」は世の中で1％、かつ産業界では縁の下の力持ち的な存在であるためにこれまで目立たなかった存在である。

　現在各種コンテストや文科省や機構の情報発信などでかなり知名度は上がってきているようにも思うがまだまだの感は拭えない。

　しかも高専を卒業した後、他の大学（大学院）に編入などをする人が増えているので最終学歴での表示は〇△大学卒とか△□大学院修了となってしまい、「高専卒」が消えてしまう。

　しかし、ここのところ高専を出、某大学（院）を卒業／修了したもの達が〇△大卒（□〇高専卒）と括弧書きをしている方や言葉で補うケースが増えていると聞く。

　これはなぜかというと、〇△大卒ではあまりに広すぎて親近感が湧きにくいが（□〇高専卒）を付け加える事で一気に親近感が湧き、まるで10年20年付き合っている仲間のように感じるらし

いのだ。

　実験実習で培った技術の体得、自主自律で活動したクラブやコンテスト、自由なキャンパスライフなど、これらは全国高専が基本的に持つ風土であり、どこの高専を卒業しても同じ気質を持つ。

　ビジネスミーティングで初めて会った人も『どうも、高専の臭いがする』と感じて聞いてみると「そうです。○△高専を□□年に卒業しました。あなたは……？」となるらしい。
　このビジネスミーティングは盛り上がるだろう。

　このように最近は（□○高専卒）を括弧書きであるが前面に出すことで高専卒をアピールしている人も多いようだ。

　現在、古くから存在した「高専卒」に新たな光が当たり始め、「□○高専卒」や「・・大卒（□○高専卒）」という全く新しいブランドが出来つつあると感じる。

　大卒優位という日本企業や組織体の学歴社会において、大卒とはちょっと違う技術者であるという主張であったり、「大卒（高専卒）」という表現は「大卒でもその前は高専ですから」というひと味違う意味づけをしていると思う。
　これは紛れもなく学歴の中で「高専卒」という確固たるブランドとして確立していることを示すものであろう。

　筆者も世間では目立たない学歴と感じてきたが、即戦力の技術

者としてはプライドを持ち、行動もそのようにしてきた。

　既に会社も退職し、ビジネスや学歴とは縁がない生活をしているが、このような形で「高専卒」という新ブランドが伸長し、ジワジワと確実な広がりを見せていることを嬉しく感じている。

　今後もこの高専ブランドはますます評価を受け、古くからあるが、再確立した新ブランドに成長すると思う。

03 英会話力で新しい世界を引き寄せろ

　前の節で松尾教授が「大学生は口ばっかり……」と言ったが、これはコミュニケーション能力については大学生が上ということでもある。

　理論や対人コミュニケーション能力は高専生も負けてはいないと思うが「英語力」は残念ながら高専生は劣る評価だ。
　これもあらゆる場所、場面で言われることだ。

　かく言う筆者も英語はしゃべることはできない方だ。英語圏に行けばなんとかホテルは通じるが、レストランは自信がない。
　出身が佐世保市で米軍基地があり街は英会話の場があり、実際ネイティブスピーカーと接する場が多かったにもかかわらず上達はしなかった。
　あの時もう少し努力すれば良かったと反省したことは幾度となくある。

　これから高専を卒業する人にはぜひ英会話はできるようになってもらいたいと切に願う。
　ポケトークなどの翻訳機やネット上の翻訳アプリも日々改善され益々良くなり、「自分で話せなくてもよいのでは？」と思われる方も多いと思うが、単純に「英語圏の人とコミュニケーションできる」だけではないのでお話ししておきたい。

英会話で英語圏の人とコミュニケーション取れると言うことは間に翻訳機やアプリを介することなく、通常の会話レスポンスでお互いの意思疎通をできると言うことだ。しかも微妙なニュアンスや気持ちを直接伝えることも出来よう。
　これはこれでとてもすばらしいことである。

　また、グローバル化の中で英語は標準語になるので何かにつけて便利なコミュニケーションツールとなっている。

　私がもう一つ言いたいのは「英会話ができると新しい世界・ビジネスが向こうからやってくる」ということだ。

　ある程度日常会話やビジネス会話ができるとなれば仕事上も含め周囲が認知する。そうすると周りの人や上司から「この仕事、あなたやってくれない？」と声をかけられるチャンスが多くなることを意味する。

　逆に筆者のような英会話力弱者には声もかからないし、かかったとしても自分から身を引かざるを得ない。
　これは人生の中でチャンスをつかみ損ねた一つの事例でもある。
　筆者にもそのようなチャンスが何度かあったが達成できなかったという反省があり、英会話への憧憬がある。

　英会話力アップの方法は人それぞれであるのでこれがよいとは言えないが、集中的な方法より毎日少しずつがよいのではないだろうか。

例えばテレビラジオの15分、20分の聞き取りと発声の講座とか、自分の論文はもちろん専門領域の文章作成は必ず英訳をしたり発声するという癖を付けるとか、とにかく普段の生活の中で英会話の習慣を付けることが大事であり、ネイティブスピーカーに会ったら積極的に練習相手と思って話してみることがよいと思う。

　英会話力弱者であるので勉強方法の指導はできないが、チャンスを生かせなかった先輩の話として聞いてほしいと思う。

　これからは英会話の習熟は筆者の時代とは違い、ゲームで学んだり、メタバースで実際のネイティブスピーカーと1対1で練習したり等の環境が整うのであろうが、個人が身につけたいと強く思う事が出発点なので、そこはしっかり心においてほしいと思う。
　第7章でお話した「英会話をものにするぞという態度、姿勢」である。

 継続的な勉学で高みを目指せ
―統計的な実績と傾向から―

とても興味深い一冊の本がある。
　これは矢野眞和氏（東京工業大学名誉教授ほか）をはじめとした教育学の専門家や研究者の方々が高専教育の効果の実績を大規模なアンケート調査で明らかにして一冊にまとめられた『高専教育の発見』（巻末参考文献参照）という書籍である。

　この調査は2014年度に実施され、全国に散らばる13高専に対

し1976年3月～2008年3月卒業生の11,904件の郵送による記入方式で、3,408件の回答が得られた結果のもので、同時に比較するために大学工学部卒業生についてはWeb調査を行い国公立362名、私立464名から得られたデータを元にしている。

　詳細はこの本を読んでいただくとして、筆者として関心が高い部分を結論として記載し、同時に考えも付け加えておきたい。

　先ず、筆者もびっくりした内容であるが卒業者の年収（平均値）の実態である。

書籍「高専教育の発見」から
学歴別・年齢階層別・現在の年収
（男性有業者のみ　　単位：万円）

年齢	高専卒	国公立大卒	私立大卒
53～59才	855.1	866.0	740.3
42～52才	813.9	773.6	682.8
31～41才	621.2	593.3	503.0
25～30才※	479.1	415.2	402.7

※大卒者は27～30才

図10-1

　この「高専教育の発見」でも「高専卒の収入は国公立大卒に近く、私大工学部卒よりは高い水準にある」と言及し、付け加えて「企業内での昇進についても42才～52才における役職が部長・課長である者の比率は、高専卒41％に対し、国公立大卒39％、私立大卒35％となり、国公立大卒者とほぼ遜色ない昇進機会を

得ている」と記述している。

　回答者数が高専卒3,408名、大卒者826名でありサンプル数としてどうかということや、大卒者の上下の開きはかなりあるだろうと予測できることなども懸念としては確かにあるが、それにしても調査人数はある程度の固まりでもあり、現実の実態をかなりな確度で表わしていると思う。
　筆者などは「高専卒の方が上回っている可能性が高い」とさえ思える数字である。

　次に在学時の成績や指向に対する就職後の発展ぶりを話題にしたい。

　この調査では高専卒業生には44問のアンケート項目を設定し、その内容から統計的手法で分析しているが、高専卒業時のアウトプット（アンケートを処理して出た結果）は次の3指標である。
　①高専学業成績：高専の教育課程の知識を十分に吸収できたか
　　どうか
　②汎用能力：高専在籍時に頭と手を動かし試行錯誤を繰り返し
　　ながらモノづくりを遂行するエンジニアとしての基礎的能力
　③友人満足度：高専在籍中に得られた「仲間」という資産、協
　　調性の高低を示す指標で、高専生活で形成された社会関係資
　　本とみる
　これに対し、卒業者の職業的アウトカム（アンケートを回帰分析などして処理して出てきた成果）を次の3つから測定している。
　（ア）所得

（イ）職位

（ウ）仕事満足度

　おもしろいのはこの②の汎用能力という表現とその中身だ。「頭と手を動かし試行錯誤を繰り返しながらモノづくりを遂行するエンジニアとしての基礎的能力」と表現しているが、これはこれまでに筆者がこの本で取り上げてきたテーマである。

　この「エンジニアとしての基礎的能力」をある程度体系的に教え、体験を通じて体得するものがアントレプレナーシップである。

　このアウトプットとアウトカムの3要素について「高専教育の発見」では様々な回帰分析により様々な関係や傾向を導いている。

　詳細を知りたい方はこの書籍をご覧いただきたいと思うが、この3×3の要素についての結論だけ紹介しよう。

書籍「高専教育の発見」から
学習アウトプットと職業キャリアのアウトカムの関係

アウトプット ＼ アウトカム	所得	職位	仕事満足度
学業成績	○	－	－
汎用能力	△	○	○
友人満足度	△	○	○

図10-2

この図10-2の記号は

○：有意な関係性（効果）がある

△：部分的に有意な関係性（効果）がある

－：有意な関係性（効果）は認められない

　つまり、在学時の成績の高低は卒業後の所得の高低に連動している傾向が強いが成績によって職業キャリアの職位の高低や仕事満足度への高低への関連性は認められなかったと言うことである。
　また、汎用能力と在学時の友人満足度は職位と仕事満足度の高低に連動している事を示し、汎用能力と友人満足度の高低は部分的に所得へも連動していると言うことである。

　筆者自身はこの「高専教育の発見」の記述から汎用能力の所得との連動性は〇に近い△ということであると読み取っている。

　この「高専教育の発見」の当該記事は「高専教育の成果は豊かな職業的キャリアをもたらすか」という章に書かれた結論である。
　ということは、学業成績は所得に連動している傾向であり、汎用能力と友人満足度が高いと職業キャリアの中の職位と仕事満足度でも高くなる傾向があること、また汎用能力と友人満足度は部分的に所得とも連動していると考えられると言うことで、ある面で卒業後にそれらの能力が豊かな人生を歩むことに寄与していると言っているのだ。

　筆者自身はアントレプレナーシップはこの書籍の汎用能力に匹敵するものと捉えており、高専で身につけるアントレプレナーシップはその後の人生の豊かさにも繋がると力説しておきたい。

　この「高専教育の発見」には他にも多くの調査と分析が載って

いるが筆者の記述としては次の点だけ概要を記載することにしたい。

それは社会人になっても勉強すること読書をすることの大切さでありこれらが更に本人の豊かさをもたらしているという事実である。

高専を卒業し社会人になったとしても勉強は終りではないと考えてほしい。
生涯学習という言葉があるが、これを普通の状態と考えて日々勉強をするという習慣を持ってほしい。

前述した英会話もそうだが、特に「読書」だ。高専を卒業すると自分の専門分野の本を買うことも多いだろう。
これに加えて教養書やビジネス書をお勧めする。

筆者も機械工学専攻だったのでその手の雑誌や専門書を多く読んだが中堅社員になった頃からビジネス書を多く読んだ。
筆者が管理職になった時に技術職を離れ全社的な教育制度や評価制度、給与制度の改革をする経営企画や総務に異動したからだ。

色々なビジネス書を読んだが特に感銘を受けたのはピーター・F・ドラッガーの本だ。
この時、会社で行き詰まっていた評価制度の内容をこのドラッガーの本の記載事項を参照に抜本的に見直すことが出来たのはよい経験となった。

このように社会人になっても勉学に励めと推薦するのは統計的な裏付けがあるからだ。

　「高専教育の発見」の一つの結論として卒業後の継続的な学習が大事であること。読書（教養書など）の習慣を持つことについて、その学習態度が高いほど、その後の幸せな職業キャリアを積むことになることを追跡データは物語っていると筆者は感じた。

　筆者としては読者が高専生やその卒業生であれば（もちろん一般の社会人の方をも含むが）、英会話力への飽くなき努力と同時に、専門書以外にも教養書やビジネス書を読むことを自分の社会人力の向上のために推薦をして終りにしたいと思う。

おわりに

【きっかけ】

　自分の会社を定年退職し、セカンドライフを始めた時期に母校佐世保高専同窓会の東京支部長を拝命することになり、支部長としてのネットワーク作りや懇親会の場作りに奔走していたが、知らず知らずのうちに昨今の高専教育制度にも触れるようになった。

　その高度化に驚かされた。
　同じ機械工学でも自分たちが受けた教育内容とは隔世の感がある。

　一つひとつの学科の高度化もさることながら、「社会実装教育」という聞き慣れない言葉に違和感を覚えながらも触れている内に「これは私たちが求めていた教育制度ではないか！」と次第に魅力を感じるようになった。

　筆者は製造業で前半は技術者として業務に従事し、後半はその技術者を育成する側に回った。
　この時感じたのは技術バカではいけないことだ。

　筆者が技術者時代には高専卒の者もいれば大卒の者もいて日々生産現場で格闘した。
　筆者自身も苦い思いをしたこともあるが、特に現場に中々姿を

見せない学卒の技術者が準備するものには、使えない代物が多かったという記憶がある。

　この経験から自分たちが準備するもの（機械、治具、標準作業手順）は最終的には生産現場のオペレータが使いやすいものにならなければならないと言うことを痛感してきた。

　後年、このような経験を技術者教育やマネジメント教育で若い技術者に伝承してきたつもりである。

　こうした経緯をたどりながら、この社会実装教育を知ったときに「このアントレプレナーシップこそ技術者として知るべき、体得すべき内容であり、起業家だけのものではない」と思った。

　そして、この社会実装教育は起業家だけではなく、一般の企業や官公庁に入職するものも必要な内容であるが、その必要性を説明できるのは製造業を経験している自分でないとできないだろうと考えた。

　そこにこの本を執筆する意味を見出したのだ。

　折しも、過去の日本の高校大学では4割以上が理工系を目指す文化であったにもかかわらず、近年は2割を切るという話があり、少子化も重なって全国高専の受験倍率は年々下がっていると聞き、全国の優秀な理工系中学生を引っ張れない状況であるようだ。

日本には資源がないので、技術や加工によって生きていくしかなく、加えて昨今のグローバル化の状況下では先端の技術やレベルの高い加工によって世界をリードするしか生き残る道はないのだ。

　このままでは科学技術立国の日本に戻れないと感じた。

　そこで筆者の知識と経験を総動員して社会実装教育をテーマとした本書を出版し、全国の優秀な小中学生を少しでも高専に導きたいと行動を起こした次第だ。

　また政府や文科省は少子化問題も重要課題であるが、一方で科学技術立国を標榜する中では優秀な理工系人材を高専や大学工学部に導き日本の立て直しをするという計画を推進中であり、政府の政策とも連動する内容となるので、政府のスタンスではなく一般人からの提案ということでも出版の意味はあると考えた。

【読者層の設定】

　したがって、この本を買っていただく対象は「はじめに」でも記載したが
　１．理工系の小中学生を子に持つご両親
　２．中学校の進路担当教師
　３．高専生または社会人（特に技術者）
である。

つまり、1. と2. の方は理工系の子ども達をいかに見出し高専へ誘うかにおいて絶対的存在であり、この方々にいかに高専の魅力を伝えて「理工系の多くの少年少女を高専に入っていただくか」がこの本の最大目的である。

　魅力的な教育システムを持ちながらも、学歴社会という現実において、世間のご両親には高専という学校種の認知度が低いし、中学校の進路指導担当教師においても高専の認知度は低いので、高専の魅力がなかなか伝わっていない状況の中で少しでもそれを伝えられればと考えた。

　また、3. の高専生または社会人（技術者）としたのは、社会実装という新しいスタイルの仕事の仕方についての理解をしていただき、無駄な時間を費やすことなく、より効率的な仕事の展開にこの本が役に立てば幸いと思いつつ記述したからだ。

　そう思うと、この一つの本に様々な思いを入れたということで焦点がぼけたかも知れないし話題が多岐に渡ったため読みにくい点も出てきたと思う。

　しかし、自分としてはこれらの購買層の方々が一通りご理解いただける内容を網羅したつもりである。
　巻末にアンケートのURLを記載しているので皆さんの忌憚のないご意見を賜りたいと思っている。

【お礼】

　最後にこの本の完成には多くの方のご支援やご協力があり、感謝の印としてお名前を記載させていただきたい。

　大坂弘美氏：佐世保高専の先輩であり、2022年5月に「ものづくり技術者に捧げる対の思考法」という製造業における技術者指導書を出版された。私が本を出版しようと動機付けされた直接のきっかけとなった。また、この本は同じ製造という世界での価値観が共有でき私の執筆にも影響を与えた。

　服部忠弘氏：在籍していた会社の先輩であり、定年退職後歴史小説家となられ『医の旅路はるか』『医の旅路るてん』『医の旅路永遠（とわ）に』の三部作を出版された。この度私が出版するに当たってはその手順を導き出してくれた先導者でもある。

　関谷京一氏：在籍した会社の同僚である。会社の中でマネジメント教育、TQM教育などの推進を共に実施してきた同志である。
　この本についても組織のマネジメント教育のいくつかのアイディアを提供いただき、深みのある本に仕上がった。

　東田賢二氏：元佐世保高専校長（第11代校長　H28年4月〜R3年3月）　佐世保高専名誉教授　九州大学名誉教授　工学博士、社会実装教育の取り入れに奔走され、社外の経営者を高専に招聘するためクロスアポイントメント制度（全国高専では初）で入江英也氏を佐世保高専に招かれた。また、社会実装教育の要として

佐世保高専内に「EDGEキャリアセンター」を設立された。この入江氏との出会いとEDGEの活動内容が本書の内容の大きな出所であるので、東田氏との出会いがなければ私の執筆もなかったと思う。

入江英也氏：2019年度〜2022年度まで佐世保高専において准教授をされ社会実装教育とその中身のアントレプレナーシップ教育を主導された。

元は企業の経営者であるが、2023年現在は教職に専念され、熊本大学の特任教授、神山まるごと高専の准教授、熊本高専の特命客員教授を兼任される他、全国の高専に招かれて地域産業の育成教育やアントレプレナーシップ教育をされている。

入江氏にアントレプレナーシップの考え方、学生への支援の仕方などを教えていただいた。

私にとって入江氏との出会いがこの本を出版させる大きな動機でもあり、完成させるまでの貴重な情報源、相談相手となっていただいた。

中尾充宏氏：佐世保高専機械工学科卒　元佐世保高専校長（第10代校長H22年4月〜H28年3月）　佐世保高専名誉教授　九州大学名誉教授　理学博士、高専の教育制度についてよくご存じであり、特に「高専不要論」や「高専の名称問題」などの知られざる貴重な情報を教えていただいた。

上村健氏、林広幸氏：科学技術振興機構（JST）社会技術研究開発センター（RISTEX）フェロー、私が社会的課題について調

査する中で分類の可視化に苦労していた頃RISTEXの俯瞰図について快く提供いただいた。

またとても好意的にご協力いただき社会実装という言葉の語源や歴史的経緯について多くの情報を提供いただいた。

特に専門書「社会実装の手引き」（RISTEX出版）を熟読する中で私の考えの整理が出来、更なる高いレベルでのノウハウの記述が可能になった。

浅野敬一氏：大阪経済大学教授、東京高専の元教授であり、東京高専の社会実装教育の立上げを推進された。

私の執筆にも快く情報をいただいた。特に社会実装と社会実装教育の違いや考え方をご教授いただいた。

朝永憲法氏：佐世保高専同窓会の元会長、同窓会の先輩であり私が同窓会の東京支部長になって以来、高専の教育制度などについて多くのことを教えていただき、この本の執筆活動のベースである高専教育の土台部分の知識を与えていただいた。

兼田一幸氏：佐世保高専　電子制御工学科教授、EDGEキャリアセンター長。私の調査活動にご協力をいただき、母校での社会実装教育の状況をお教えいただいた。

坂口彰浩氏：佐世保高専　電子制御工学科教授、地域共同テクノセンター長。私の調査活動にご協力をいただき、母校での社会実装教育関連の状況をお教えいただいた。

山下晃弘氏：東京高専　情報工学科准教授。東京高専の社会実装教育の状況をお教えいただいた。

村上祐貴氏：長岡高専　環境都市工学科教授。長岡高専の社会実装教育の状況をお教えいただいた。

高専機構　関係者の方々：
高専教育に関し、正しい情報をいただき、多くのアドバイスをいただいた。

もっちゅる（山口舞子）さん：佐世保高専電子制御工学科（2018年）卒業、駆け出しイラストレーター。
この本の要所・要所に柔らかなイラストを提供していただいた。
Instagram @mozuku_churuchuru

埼玉沖新会の方々：
母校同窓会の埼玉県在住者を中心とした10名ほどの方々であるが、この本の構想から出版まで情報を共有し様々なアドバイスをいただいた。

執筆文章に感想を寄せていただいた方：
この本の出版について、執筆文をFaceBookで公表したり、メールで直接配信したりさせていただいたが、熱心に執筆文を読んでいただき、感想や改善点をご提供いただいた。
そうしたことからよりよい本が出来たと考えている。

家族：娘夫婦と息子は色々言いながらも出版を応援してくれた。
　家内は文章内容の改善を手伝ってくれたり、費用面での最大の貢献者となってくれた。

　これらのご協力をいただけなければとても出版にはこぎつけなかった。全ての方々に感謝したい。

2024年2月29日

加椎玲二

参考文献

1. 技術者の姿「技術立国を支える高専卒業生たち」
   監修：荒木光彦
   編集者：荒木光彦、高橋信雄、福間眞澄、久間秀樹、山根繁樹、渡
   部徹、細川祥子
   2007年　世界思想社
2. 高専教育の発見（学歴社会から学習歴社会へ）
   編者：矢野眞和、濱中義隆、浅野敬一
   執筆者：林川友貴、山田宏、李敏、小黒恵
   2018年　岩波書店
3. JST-RISTEX〔研究開発成果実装支援プログラム〕編　社会実装の
   手引き　研究開発成果を社会に届ける仕掛け
   制作スタッフ：国立研究開発法人科学技術振興機構　社会技術研究
   開発センター「社会実装の手引き」制作チーム
   プログラム総括：冨浦梓
   プログラムアドバイザー：鈴木浩、川北秀人、渡辺多恵子
   2019年　工作舎
4. なぜ高専の就職率は「100％」なの？
   著者：佐々木章太
   2006年　株式会社文芸社
5. ものづくり技術者に捧げる「対の思考法」〜技と術の違いとは〜
   著者：大坂弘美
   2022年　銀河書籍

著者

加椎玲二（かしいれいじ）
佐世保高専　機械工学科　昭和52年卒
本田金属技術株式会社　勤務（昭和52年〜令和3年の44年間）
埼玉県東松山市在住

ものづくりの会社で技術者として活動
管理職昇進後はものづくりマネジメントとして「TQM」教育や会社の
「ものづくり塾」で教授兼事務局として全社的な教育を推進

一方、2016年から母校同窓会の東京支部長を務め、高専制度の変遷や
最近の動向を調査・研究している

アンケートのお願い
この本を手に取っていただき、少しでもお読みになりましたら以下の
URLよりアンケートにご協力ください。
今後の参考にさせていただきます。

URL
https://docs.google.com/forms/d/e/1FAIpQLSft0V4Ow
yq2TMgQe14XwY2DllamAJNzh-ZorjcShQcE64meRA/
viewform?usp=sf_link

内容は読者に関する質問4つとアンケート設問3つの計7つです。

「高専は地球を救う」本の読後アンケート調査概要

大分類	設定	問い	具体的内容
属性	問1	読者の立場	両親、小中教職員、高専生、高専教職員、社会人、その他（）
	問2	〃 性別	男性、女性、回答しない
	問3	〃 年齢	10、20、30、40、50、60代以降
	問4	〃 居住区	都道府県の47区分
設問	問5	読んだ章	各章ごとに「読んだ」「読んでない」の2択
	問6	読みやすさ	各章ごとに5段階「良く分かった」〜「良く分からない」評価
	問7	記述文入力	読者の「感想、疑問点、質問など」の自由記入

前記URLにアクセス出来ない場合は下記のメールアドレスにお問い合わせください。

また直接、ご感想・ご意見・ご質問をいただける場合も下記でお願いします。

ippan.kashii@gmail.com

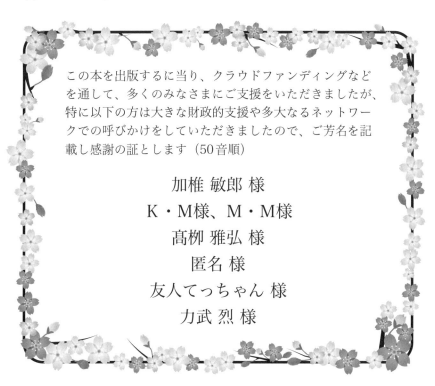

この本を出版するに当り、クラウドファンディングなどを通して、多くのみなさまにご支援をいただきましたが、特に以下の方は大きな財政的支援や多大なるネットワークでの呼びかけをしていただきましたので、ご芳名を記載し感謝の証とします（50音順）

加椎 敏郎 様

K・M様、M・M様

髙栁 雅弘 様

匿名 様

友人てっちゃん 様

力武 烈 様

高専は地球を救う

2024年2月29日　第1刷発行

著　者　加椎玲二
（かしいれいじ）

発行者　太田宏司郎

発行所　株式会社パレード
　　　　大阪本社　〒530-0021　大阪府大阪市北区浮田1-1-8
　　　　　　　　　TEL 06-6485-0766　FAX 06-6485-0767
　　　　東京支社　〒151-0051　東京都渋谷区千駄ヶ谷2-10-7
　　　　　　　　　TEL 03-5413-3285　FAX 03-5413-3286
　　　　https://books.parade.co.jp

発売元　株式会社星雲社（共同出版社・流通責任出版社）
　　　　　　　　　〒112-0005　東京都文京区水道1-3-30
　　　　　　　　　TEL 03-3868-3275　FAX 03-3868-6588

印刷所　創栄図書印刷株式会社

本書の複写・複製を禁じます。落丁・乱丁本はお取り替えいたします。
©Reiji Kashii 2024　Printed in Japan
ISBN 978-4-434-33406-1　C0050